最美国学

论语

季旭升教授 总策划
文心工作室 编著

中央编译出版社
CCTP
Central Compilation & Translation Press

京权图字：01 - 2005 - 6486

中文經典 100 句：論語

中文簡體字版 © 2006 由中央編譯出版社發行

本書經城邦文化事業股份有限公司商周出版事業部授權，
同意經由中央編譯出版社，出版中文簡體字版本。
非經書面同意，不得以任何形式任意重製、轉載。

图书在版编目（CIP）数据

论语／文心工作室编著 . —北京：中央编译出版社
2014. 1（2017 . 2 重印）
（最美国学）
ISBN 978-7-5117-1856-3

Ⅰ . ①论… Ⅱ . ①文… Ⅲ . ①儒家②《论语》－通俗
读物 Ⅳ . ①B222. 2 - 49

中国版本图书馆 CIP 数据核字（2013）第 261841 号

论语

出 版 人	刘明清
出版统筹	薛晓源
策 划 人	苗永姝
责任编辑	苗永姝
责任印制	尹　珺
出版发行	中央编译出版社
地　　址	北京市西城区车公庄大街乙 5 号鸿儒大厦 B 座　邮编：100044
电　　话	（010）52612345（总编室）　　　（010）52612335（编辑室）
	（010）66161011（团购部）　　　（010）52612332（网络销售）
	（010）66130345（发行部）　　　（010）66509618（读者服务部）
网　　址	www. cctphome. com
经　　销	全国新华书店
印　　刷	北京紫瑞利印刷有限公司
开　　本	880 × 1230 毫米　1/32
字　　数	185 千字
印　　张	11. 25
版　　次	2017 年 2 月第 1 版第 5 次印刷
定　　价	25. 00 元

凡有印装质量问题，本社负责调换，电话：010 - 66509618

目 录

君子成人之美

君子之德，风

站在文化巨人的肩膀上

台湾师范大学国文系教授 季旭升

"犁明即起，洒扫庭厨。忘着窗外，一片篮天白云，令人腥情振忿。随便灌洗一下，整理遗容之后，走到客听，粘起三柱香，拜完劣祖劣宗，希望祖宗给我保屁。然后勿勿敢往朋友的寿宴，为朋友举殇祝寿，大家喝的欲罢不能。谈到朋友的事叶出现危机，我就建议他要摒持理念、拿出破力。朋友也免励我要多用功，才能写出家誉户晓、踯地有声的文章。晚上我开始发粪读书，日以继夜的终于写完这一篇文章。"

这是用现在见怪不怪的错字集锦而成的一篇小文，果然可以"掷地"，但是未必"有声"。近年来，这种错字太多了，老师开始忧心、家长开始忧心、社会贤达开始忧心，只有学生和教育主管部门不忧心，教育主管部门甚至于还要进一步削减中小学的国语文授课时数。终于，社会的忧心迸发了，由各界组成的"抢救国文联盟"日前已起来呼吁教育主管部门要正视这个问题，不要坐视台湾竞争力一日一日的衰落。

身为文化事业一分子的商周出版，老早就在正视这个问题了，所以洞烛机先地策划了"中文可以更好"系列，为文字针砭、为语文把脉，希望把这些年语文界的毛病治好。各界反应还不错。

语文的毛病治好了，体质还是不够强壮。商周出版认为进一步要熬十全大补汤，让我们的语文更强壮。这"十全大补汤"就是"中文经典100句"（即"最美国学"）系列。

《荀子·劝学篇》说：

> 吾尝终日而思矣，不如须臾之所学也。吾尝跂而望矣，不如登高之博见也。登高而招，臂非加长也，而见者远；顺风而呼，声非加疾也，而闻者彰。假舆马者，非利足也，而致千里；假舟楫者，非能水也，而绝江河。君子生非异也，善假于物也。

学画一定要先从芥子园画谱学起。芥子园画谱是初学者的"经典"。

张大千的画艺要更上层楼，所以要去千佛洞临壁画。千佛洞是张大千的"经典"。

学书法的人要学二王颜柳，二王颜柳是书法界的"经典"。

经典是古代圣贤才智的结晶，是民族文化的源头。

多认识经典可以让我们站在巨人的肩上，长得更快、更高。

多认识经典可以让我们的思想、文字带有民族智能、民族风格。

《论语》、《史记》、《古文观止》、《孟子》、《诗经》、《庄子》、《战国策》、《唐诗》、《宋词》、《世说新语》等，这十本书应该是现代国民的"最低限度必读经典"，作为这个民族的一分子，没有读过这十本书，就称不上这个民族的"知识分子"。但是，现代人实在太忙了，大人忙着五光十色、小孩忙着被教改、社会忙着全民英检、国家忙着走出去，人人都在盲茫忙，商周出版因此为忙碌的人们炖一锅大补汤，用最活泼简明的文句，把经典的精粹提炼出来，让大家可以在"三上"（马上、枕上、厕上）阅读。在做完文字针砭、为语文把脉、把病痛治好后，让我们来培元固本，增强功力，站在文化巨人的肩膀上，看得更高，飞得更远！

秀一口经典名句，很酷

《苹果日报》 总主笔　卜大中

　　这年头国文不好变成流行，表示你精通计算机，所以用计算机语言写东西。它的特点是：多同音字、多注音字、多谐音字、多表意数字。国文老师急死啦，老一辈的知识分子也骂人了。其实，英、法、日、美等国也有同样的焦虑，都骂他们的年轻人太混，语言文字愈来愈差。所以，这是全球化现象。

　　同音字乱用，是打字输入用注音或汉音的缘故，然后懒得改，就"约定俗成"啦！例如"列祖列宗"变成"劣祖劣宗"；"品学兼优"变成"品学兼忧"。老师怎不抓狂？注音代替正式的字也很流行。谐音字是搞笑的同音字，父母老师搞不懂就骂人啦！数字更气死老先生，"5201314"是啥啊？是"我爱你一生一世"也。"04438"又是什么东东啊？"你是死三八"也。

　　老先生不懂计算机，不知道年轻人在聊天室发明新字要酷，也不知道同音字的流行，以为国文完蛋啦！"斯文扫地"啊！其实，没那么严重，年轻人叛逆，就喜欢颠覆传统文字的用法，以追求次文化的同侪认同。上网聊天谁敢用正宗国语，谁就被认为是 LKK（老扣扣），LPG（老屁股），很逊的。

不过，话说回来了。如果年轻人将来要进新闻界、要当律师、要当老师、要当作家、要做与写文案有关的工作，国文就不能像现在这样胡混乱搞，还是要能通过较高的考验。如果要写封像样又严肃认真的情书，对象是水准很高的人，那套计算机顽皮语言就既机车又白烂了。非砸锅不可。所以，在计算机上尽管无厘头乱写耍宝，可是还得把国文学好。

以前坊间的国学书都是夫子自道，酸腐呆板，年轻人看不下去；现在商周这套书结合四大优点：注释详细、有名句诞生的由来、有背景故事、有现代情境式的运用，很实用又有趣味，年轻人不会拿在手上被同学讥笑。

这可不容易。作者的努力和出版家的眼光令人佩服。把国文练好至少没坏处，随手拿来唬烂女生也满酷的。

大家来学中文经典吧！

落实自己"经典"的一生

台北大学中国语文学系副教授　马宝莲

《说文解字》释"经"："织纵丝也。""经"因此引申为常道、常则；能列入"经典"之作，自然代表着一种肯定，一种从古到今历经时空转换仍能在日用人生中屹立不倒的价值。商周出版将《论语》规划在"最美国学"系列之首，其用心及尊重之情令人赞佩。

然而《论语》二十篇，佳言名句何止一百，如何拣择？孟子推崇孔子是"圣之时者也"（《万章·一》），夫子也曾自道"无可无不可"（《微子·八》），是以如何在书中呈现孔子与时推移的智能，不啻又是另一难度的考验。

但由遍及全书所选取的一百句分析，可见编辑群的努力。举凡个人人格的涵养（仁者，其言也讱；君子之过也，如日月之食焉）、进德修业的态度（知之者不如好之者，好之者不如乐之者)、知人论世的智能（视其所以，观其所由，察其所安；诗，可以兴，可以观，可以群，可以怨)、处群任事的器识（当仁，不让于师；四海之内皆兄弟也；小不忍则乱大谋）等各类名言兼而有之。除了收录大家耳熟能详者外，其他诸如"犁牛之子，骍且角，虽欲勿用，山川其舍诸?"虽非人尽皆知，但其与"英雄不怕出身低"、"歹竹出好笋"等同的观念，时至今日仍是给予许多人希望、自信的话语。由此也可见选取的普及性与独特性。

至于每则名句则是由"名句的诞生"、"完全读懂名句"（解释、语译)、"名句的故事"、"历久弥新说名句"四部分循序开展。首先注明出处原文，随即以浅显的文字解说名句词语，再对全句予以白话翻译。因此青少年读者可以很容易地了解名句的意思。至于名句的来龙去脉、历来不同的重要解读及相关的文史资料，则在"名句的故事"单元中呼应而出，不独可见郑玄、朱熹的注解，也可参考到近代蒋伯潜、杨伯峻及傅佩荣等学者精辟的说法；不唯引用了其他的论语篇章，《诗经》、《易经》、《三传》、《礼记》、《孝经》、《史记》、《汉书》、《后汉书》、老子的《道德经》等的隽语、故实也适时间出，而且每每辅以深入浅出的改写或说明，读来亲切有味、联类不穷，无形中开启了我们对更多经典的认识，也拉近了我们与更多经典的距离。

书中最脍炙人口的当属"历久弥新说名句"部分，一句"当仁，不让于师"，分别以康有为、梁启超的师生情谊到各自保国的举措；以古希腊哲人亚里士多德"吾爱吾师，吾更爱真理"，毅然与师柏拉图在学术上分道扬镳之举加以印证，令人联想到韩愈《师说》："弟子不必不如师，师不必贤于弟子，闻道有先后，术业有专攻，如是而已。"从实际的事例说来，道理自是不言而喻。一句"人焉廋哉"可以谈到诸葛亮"识人七术"、大文豪杰克·伦敦等作品中对眼神的描摹，甚至牌品云云。会心之余，也不得不让人击掌称叹。一句"欲速则不达，见小利则大事不成"，则从心理学的 EQ 定义，旁征博引到一些有关联的相似词。这样百则下来，出入古今人物、中外典籍、方言俗谚者不知凡几，读来不仅兴味盎然，也激荡出许多"推陈出新"、"举一反三"的体悟。

我初读文稿是在飞往韩国的飞机上，读到"父母在，不远游，游必有方"的解读，颇有同感。下机随即买了电话卡报平安。在"民俗文物馆"挑选象征长寿图案的挂饰时，店员得知我与高龄的双亲同住，这对艺术品变成了赠品。一本两千五百年前孔子的言行记录，遂内化成我们的言行记录。

书中在言及孔子自况的名句："其为人也，发愤忘食，乐以忘忧，不知老之将至。"引用了牛顿的名言："如果说我比别人看得远，那是因为我是站在巨人的肩膀上。"我们何其有幸，可以"站在圣人的肩膀上"，不妨就从阅读《最美国学 论语》，开启、落实我们自己"经典"的一生！

2005 年 2 月 2 日

未知生，焉知死

——生活态度

求仁而得仁，又何怨

名句的诞生

冉有曰："夫子为卫君乎¹?"子贡曰："诺²，吾将问之。"入，曰："伯夷、叔齐³何人也?"曰："古之贤人也。"曰："怨⁴乎?"曰："求仁而得仁⁵，又何怨?"出，曰："夫子不为也。"

——述而·十四

完全读懂名句

1. 为卫君乎：为，帮助的意思。卫君，卫出公。卫灵公驱逐太子蒯聩，灵公死后，卫国人立蒯聩的儿子辄为君主，即是卫出公。晋人接纳了蒯聩，并协助他攻打卫国夺取王位，卫国人奋力抵抗晋兵，形成父子争国的局面。当时孔子正住在卫国，弟子不知道是否要帮助卫君以子抗父。2. 诺：承诺，即"好"的意思。3. 伯夷、叔齐：两人皆为孤竹君的儿子，孤竹君遗命立叔齐为君主，叔齐想要让位于哥哥伯夷，伯夷为了遵从父亲的遗命便离去，叔齐也不当国王而逃走。最后两人因为改朝换代，不想吃新朝代的东西，双双饿死于首阳山。

子贡透过借问伯夷、叔齐是何等人，来探试孔子对于父子争国的立场。4. 怨：埋怨，悔恨。5. 仁：此章的"仁"，可解释为"心安"。

冉有说："老师会帮助卫君吗？"子贡说："好，我去问他。"子贡走进屋见孔子，问道："伯夷、叔齐是什么样的人？"孔子回答道："他们是古代的贤德之士。"子贡又问："他们心中会有悔恨吗？"孔子说："他们所求的是仁，也终于得到了仁，怎么会有悔恨呢？"子贡走出来说："老师是不会帮助卫君的。"

名句的故事

孔子不只一次称赞"伯夷、叔齐"，司马迁在《史记·伯夷列传》也记载孔子称两人"不念旧恶"，朱熹解释此章时说，伯夷、叔齐连国君都不愿当了，怎么会有什么抱怨。

根据《史记》，伯夷、叔齐是商朝末年孤竹国（在今天河北省的卢龙县西）国君的长子与三子，孤竹国国君在遗嘱中表示要叔齐为王位继承人。但在父亲死后，叔齐认为伯夷是大哥，要把王位让给他，但伯夷认为不能违抗父亲的遗命，于是从孤竹国逃走，而叔齐仍不肯当国君，于是也逃走了。

于是，孤竹国百姓就推孤竹国国君的二儿子继承了王位，史称"夷齐让国"。后来，伯夷、叔齐隐居在渤海之滨，听说周在西方强盛起来，周文王是位道德之士，于是长途跋涉来见他。但来到周时，文王已死、武王继位，武王派弟弟周公迎接，并承诺给他们俸禄与职位，但他们却不悦地走了，因为他们希望武王不要讨伐商。

后来，周灭商，伯夷、叔齐为了表示气节，便不再吃周朝的粮食，隐居在首阳山（今天山西省永济县西），采山上的野菜为食。周武王派人请他们下山，他们仍拒绝下山到周朝做官，最后双双饿死。

历久弥新说名句

有不少学者认为，伯夷、叔齐的"求仁而得仁"带有失败者的悲剧色彩，接近亚里士多德悲剧使灵魂升华的观点，而最适合诠释悲剧理论的人物，其实正是亚里士多德的"师公"苏格拉底。

苏格拉底在雅典的普通法院，被指控他的学说有"不敬国神"、"另立新神"等罪，可以选择喝毒酒、流放与"易科罚金"。后两者虽然可以保性命，但却等于承认自己有罪，因此他选择了喝毒酒而死，舍弃生命追求真理。

虽然在现实中遭到失败，仁者是毫无怨言的，因为他"求仁得仁"。晋代诗人阮籍的《咏怀诗》中有："求仁自得仁，岂复叹咨嗟。"诗句中流露出对伯夷、叔齐求仁得仁的钦羡，同时也感叹自己只能在乱世中"苟且偷生"。

阮籍是"竹林七贤"之首，生性放荡不羁，有时兴致一来，独自游山玩水，迷路了便放声大哭，哭的不只是迷路，更是哭人生的"穷途末路"。阮籍行为荒诞，世人皆以为狂人，但当时掌握朝权的司马昭却不如此想，他使尽各种方法要阮籍当官，阮籍只好"装疯卖傻"地应付，不免羡慕起"求仁得仁"的伯夷、叔齐，甚至觉得

"不得好死"的李斯也比自己强。

"求仁而得仁"常引申为无怨无悔的作为，或等同于"舍生取义"、"义无反顾"，例如戊戌六君子中谭嗣同之死便属"求仁得仁"精神的体现。清末光绪皇帝百日维新，拔擢谭嗣同等年轻书生为官，不料慈禧太后反扑，维新土崩瓦解，谭嗣同本可以逃脱朝廷的逮捕，但他却不走，并表明要用自己的血唤醒国人的爱国意识。在牢中他捡起地上的煤屑，在墙上写下绝命诗："望门投止思张俭，忍死须臾待杜根。我自横刀向天笑，去留肝胆两昆仑。"壮烈献身，慷慨激昂，对后代学子影响甚深。

发愤忘食，乐以忘忧，不知老之将至

名句的诞生

叶公¹问孔子于子路，子路不对²。子曰："女³奚不⁴曰：'其为人也，发愤⁵忘食，乐以忘忧，不知老之将至云尔⁶。'"

——述而·十八

完全读懂名句

1. 叶公：楚国大夫沈诸梁，字子高，担任叶县尹。楚君称王，大夫跟着僭称公。2. 不对：没有回答。3. 女：即汝，你。4. 奚不：何不。5. 发愤：勤奋。6. 云尔：语末助词，如此而已的意思。

叶公问子路关于孔子的为人。子路一时不知该如何回答。孔子说："你为何不这样说：'他这个人，一发愤用功就忘记吃饭，内心一快乐就忘记所有忧愁，连自己快老了都不知道呢!'"

名句的故事

对于有人问起孔子，子路为何回答不出来，历代有许多说法，而宋代的朱熹则认为，叶公提出这种问题，显示他根本不了解孔子，因此子路才懒得回答。后世大多数学者将此章的重点，放在孔子治学态度的"愤"与"乐"上，而康有为的《论语注》则强调"忘"与"不知"，他说孔子因为忘食，所以不知贫贱；忘忧，所以不知苦戚；忘老，所以不知死生，可以"安贫乐道"地自在生活。

关于孔子好学的程度，《史记·孔子世家》记载孔子晚年读《易经》时"韦编三绝"，指的就是孔子非常用功，把编联竹简的牛皮绳子磨断了许多次。

孔子晚年喜欢读《易经》，不管在家出外都要带着，他曾经表示，如果上天能多给他几年时间，人生修养就更圆满了（把《易经》学得更好）。

此章的叶公便是"叶公好龙"故事中的主角，这句成语引申为"说一套，做一套，表里不一"。根据汉朝刘向《新序·杂事》中的记载，叶公爱龙成痴，身上的佩剑、凿刀饰有龙纹，家里的梁柱、门窗上也都雕刻着龙。天上的龙知道叶公这项喜好后，便下凡来拜访他，不仅盘踞在他家上头，还将头探进窗户内，尾巴伸入堂屋中。没想到叶公一看到真正的龙，吓得面如土色、失魂落魄，原来叶公并非真的喜欢龙，只是喜欢龙非龙的东西而已。

历久弥新说名句

孔子这段自述成为后世读书人的典范。晋代诗人陶渊明在《五柳先生传》一文中道出了类似的心声："好读书，不求甚解；每有会意，便欣然忘食。"一般人在这段话中往往只见到"不求甚解"，却忽略了五柳先生"好读书"与"会意忘食"的精神。

相传，曾有一学子向陶渊明求教，希望能得知读书的妙法，自认没有什么秘诀的陶渊明送给他一句话："勤学如春起之苗，不见其增，日有所长；辍学如磨刀之石，不见其损，日有所亏。"即告诉年轻人，读书必须默默耕耘，就像种稻子跟磨刀一样，每天看似没有任何长进，日积月累下来便相当可观，但是如果不能持之以恒，那么每天都会有亏欠。由此可见陶渊明的勤学态度。

清朝的康熙皇帝算得上是历史上最爱读书的皇帝了，他说过："读书一卷，即有一卷之益；读书一日，即有一日之益。"他八岁当皇帝，儒家经典不但日日必读、字字成诵，十七八岁时因读书太过劳累而吐血，却仍然坚持不肯休息。二十四岁时，在宫廷设南书房，请饱学之士与他每天一起讨论学问，甚至在平定三藩之乱的战事期间，也没有间断。到了晚年，康熙皇帝依旧手不释卷，毫无倦容，便是希望从书中找寻经邦治国的真理。

近代学者蔡元培在书房中挂有一幅自己的画像，上面的题字便是"其为人也，发愤忘食，乐以忘忧，亦不知老之将至"呢！而在西方，十七、十八世纪英国大科学家牛顿，一天二十四小时有十八到十九个小时都在做研究，经常是"发愤忘食"，他就曾因为太过专心投入，而把手表当成鸡蛋煮个熟透！当牛顿在天体物理学上的成就得到赞誉时，他只是谦虚地表示："如果说我比别人看得远，那是因为我站在巨人的肩膀上。"这句话成为传颂不朽的名言。看来若没那股勤奋不懈、天真执著的原动力，又怎能攀登上"巨人的肩膀"呢？

孔子的"发愤忘食，乐以忘忧，不知老之将至"，后来也可引申为"没有时间老"的意思，从工作、嗜好中得到乐趣，连吃饭、睡觉全都可以搁在一边了，哪里有工夫去在意老不老呢？

敬鬼神而远之

名句的诞生

樊迟问知[1]。子曰："务民之义[2]，敬鬼神而远之，可谓知矣。"问仁。曰："仁者先难而后获[3]，可谓仁矣。"

——雍也·二十

完全读懂名句

1. 知：同"智"。2. 务民之义：专心致力于人应当从事的事情。民，指人。3. 获：得到。

樊迟请教怎样才是明智。孔子说："专心致力于应当从事的事情，敬奉鬼神但保持适当的距离，这样便可以说是明智了。"他又请教怎样才算有仁德。孔子说："有仁德的人比别人先把难事做好，遇到可获得私利的事情，便退居人后，这样可以算是有仁德了。"

名句的故事

宋朝理学家程颐解释此章时认为，因为多数人信奉鬼神，所以常陷于困惑中，但不信鬼神者便无法尊敬宗教，能够尊敬宗教又与它保持距离，才算是明智。此外，遇到艰难的事情争先去做，是克己的功夫，而比众人晚获得回报，是仁的表现。

樊迟提出这两个关于智与仁的问题时，应正担任鲁国的官员。朱熹认为，很可能是樊迟施政有所缺失，也许是太过于迷信，以致耽误了政务，所以孔子特别叮咛他，要专心致力于管理众人的事，不要被鬼神等不可预知的事所惑。

《论语》中樊迟三次问仁，其中两次兼问知，然而孔子每次的回答都不同。在《颜渊·二十二》，樊迟问仁，孔子回答"爱人"，问知，孔子回答"知人"。在《子路·十九》，樊迟问仁，孔子答说："居处恭，执事敬，与人忠。虽之夷狄，不可弃也。"就是日常生活态度要恭谨，行事要认真敬慎，与人相处要忠诚，即使到了蛮荒之地，也不放弃这些原则。

孔子三次回答樊迟同样的问题，三次的答案都不一样，孔子应是针对当时所看到的缺失，对症下药，教诲弟子。

历久弥新说名句

孔子将"人"看得比"神"还重要，不语怪力乱神、敬鬼神而远之，就成为儒家的宗教观。

"不问苍生问鬼神"可说是与此相反的态度，这原是唐代诗人李商隐《贾生》中的诗句："宣室求贤访逐臣，贾生才调更无伦。可怜夜半虚前席，不问苍生问鬼神。"贾生就是贾谊，这首诗是讥讽汉文帝求贤才，求到了却不能让他们好好发挥。在宣室（天子的正堂）召见贾谊时，问的都是些虚无缥缈的鬼神，不是现实的国计民生，因此贾谊就算有经天纬地的才能，也毫无用武之地。

历史中，因为"不问苍生问鬼神"而亡国的国君，最著名者有二，一是印度的阿育王，二是中国南北朝的梁武帝。两个帝王早年雄才大略、杀人如麻，之后皈依佛门，实行素食、禁止杀生，之后因为建庙与供养僧侣过多，国势由盛而衰。阿育王的晚年在子孙合谋下失去王权，孔雀王朝几乎崩溃；梁武帝被部将围攻而饿死宫中，梁朝也因此土崩瓦解。

只是，到了 21 世纪的科技时代，不少政治人物与大商贾，依然信风水信算命，不访民之所欲，不察员工的心声，一心在意的是自己的官位与利益，结果往往名利不保了。

子罕言利，与命，与仁

名句的诞生

子罕[1] 言[2] 利，与命[3]，与仁。

——子罕·一

完全读懂名句

1. 罕：很少。2. 言：直言，直接谈论。3. 命：天命。

孔子平日甚少谈论利这回事，只与天命、仁德为伍。

名句的故事

春秋战国时期，封建解体，社会经济发生大变动，一时间，君子言利，小人逐利，形成"天下熙熙，皆为利来；天下攘攘，皆为利往。"（《史记·货殖列传》）梁惠王见着孟子的第一句话，就是："叟！不远千里而来，亦将有以利吾国乎？"（《孟子·梁惠

王上》)

孔子提出的思想，正意味着当时社会所欠缺的部分。他四处鼓吹"天命"、"仁义"，可以推测当时社会恐怕已经是仁稀、义微。反之，孔子很少谈论"利"这件事，也就间接表示着当时社会可能到处都在言利、逐利了。

既然逐利、言利的人很多，自然也就不差孔子一人，何须他再费唇舌鼓吹，这就是孔子为什么"罕言利"的原因。"罕言利"的原因未必表示孔子反对利，而是认为，相对而言，大家花太少的心思在天命与仁德上面。

关于本章，另一解为："孔子很少谈论利、命和仁这三件事。"对此说法，钱穆先生的解释是："《论语》言仁最多，言命亦不少，并皆郑重言之。故本章之意，并非孔子甚少论及利、命、仁三者。"

历久弥新说名句

春秋战国时期，协助齐国富强的管仲就明白提出："仓廪实而知礼节，衣食足而知荣辱。"（《史记·管晏列传》）然而，衣食足之后就一定知荣辱吗？孔子似乎不这样认为，关于荣辱、礼节、仁义，孔子认为是要用心学习才能有所成就的，品格修为并不是财富的附赠品。

一味追求利益容易做出伤害正义的事情。春秋时期的楚庄王出兵讨伐陈国的夏征舒（因为他杀害自己的君主），并计划占领陈国。楚庄王的举动获得诸侯的称赞，认为他做了正义之事（讨伐不义之人）。唯独大夫申叔时不高兴，他批评楚庄王说："您怎么可以只因为某人牵牛踩坏了别人田里的庄稼，就没收了他的牛。您讨伐有罪的人，是正义，但现在您进一步并吞陈国，这是贪婪、不义了。"（成语"蹊田夺牛"的来源。）楚庄王听了申叔时的话，觉得汗颜，自己差点就"以利害义"，于是立刻打消并吞的意图。

"子罕言利"成为教条之后，儒者就认为逐利是不好的事情。事实上，能够"逐利又逐义"的大有人在，孔子的学生子贡就是位大商人，而帮助越王勾践雪耻复国的范蠡，后来成为大商人陶朱公，他常常行善，救济贫苦之人。因此，见利忘义、以利害义，是个人修为的问题，实非"利"之过。

《君王论》的作者、文艺复兴时期的大思想家马基维利便主张，我们和他人之间最牢固的关系就是利。共同的利益，如同磁铁异性相吸一般团结；利害不同，恐怕就是互相排斥了。他甚至说过："杀父之仇可以不报，夺财之恨铭记终身！"

譬如为山，未成一篑

名句的诞生

子曰：“譬如为山，未成一篑[1]，止[2]，吾止也；譬如平地，虽覆一篑，进，吾往[3]也。”

——子罕·十八

完全读懂名句

1. 篑：用竹所制的箩筐，用来盛土。2. 止：中止，停止。
3. 往：前进。

孔子说：“譬如用土去堆山，仅仅差一箩筐的土就可大功告成，却停止不做了，这是我自己要停下来的。又譬如在平地上，虽然才刚刚倒了一箩筐的土，然而这样往上堆，也是我自己决定要继续的！”

名句的故事

"譬如为山，未成一篑"，根据朱熹的解释，孔子此语源自《尚书》的"为山九仞，功亏一篑"。仞是古代的长度单位，相当于现在的六尺，也有人说是八尺，这句意思就是要用土造一座有九仞高的山，但因缺乏最后一箩筐的土，因此功败垂成。

朱熹认为此章乃是孔子劝喻弟子应该自强不息，不能有任何一丝懈怠，否则很容易棋差一着，满盘皆输，前功尽弃。而不管是成功或失败，关键不在他人，就在自己。

是否努力不懈怠，也是孔子臧否弟子的标准。在此章之后，孔子赞赏颜回努力精进的精神，说："惜乎！吾见其进也，未见其止也。"孔子只见到颜回往前进，不见其往后退。孔子说这句话时，颜回已经过世，因此深感痛惜。

在《雍也·十》中，冉求曾对孔子说："非不说子之道，力不足也。"冉求认为不是不喜欢老师的道理，实在是力有未逮，孔子回答他："力不足者，中道而废，今女画。"批评冉求不知长进，画地自限，半途而废。

孟子也说过类似的话："掘井九仞不及泉，犹为弃井。"即使挖井挖了九仞，如果没挖到地下水，仍是一座废井，孟子和孔子一样，反对虎头蛇尾，没有恒心毅力。

历久弥新说名句

棒球场上，最容易体会"功亏一篑"、"行百里半九十"的道理，唯有最后一个出局数出现，裁判举手宣布球赛结束，胜负才分晓。

20 世纪 50 年代，纽约洋基队的当家捕手约吉·贝拉（Yogi Berra）说过一句名言："It ain't over'til it's over."即球赛只有在结束之后才算结束，在球赛结束前，过程中的领先或落后都不算数。

1986 年的波士顿红袜队，便是胜利在望却阴沟里翻船有名的例子。当时，在美国职棒总冠军赛第六战，红袜队尚以三胜二负领先纽约大都会队，延长赛十局下半以五比三领先，大都会队甚至做好了恭贺对方封王的准备。没想到红袜队却因封王在望而过于松懈，接连被打出安打，分数立刻扳平，最后一垒手太过大意，让大都会队打者一个软弱的滚地球穿过胯下，反倒输了。

成败并非决定于谁出发得早，而是谁的心理素质较强，可以坚持到最后。"Baseball is 90 percent mental；the other half is physical."这是约吉·贝拉的另一句话，棒球有百分之九十是心理战，体能仅占一小部分。

就像红袜队虽然在第六战意外输了，其实并非完全与冠军绝缘，但士气却如泄了气的皮球，最后的第七战以五比八再度败北，拱手将冠军戒指让给敌队，并成为棒球史上讲述"功亏一篑"的最佳教材。

未知生，焉知死

名句的诞生

季路问事[1]鬼神[2]。子曰："未能事人，焉[3]能事鬼？""敢[4]问死？"曰："未知生，焉知死？"

——先进·十一

完全读懂名句

1. 事：侍奉、祭祀之意。2. 鬼神：指奉祀鬼神。3. 焉：怎么，如何。4. 敢：大胆地。表示礼貌的用语。

子路问如何侍奉鬼神。孔子说："人都无法侍奉好，哪能够侍奉鬼神呢？"子路又问："请问死是怎么一回事吗？"孔子回答说："生都还没弄清楚，哪能知道什么是死呢？"

名句的故事

对于孔子生死观的了解，通常是从这句话开始的。子路请教孔子如何侍奉鬼神，这令人颇感意外，因为我们知道孔子是不语"怪力乱神"的，也无怪乎孔子会表示，人世间的事情都不见得可以处理好，哪能够去谈伺候鬼神呢？对于子路不死心继续提出的问题："能问死到底是怎么一回事吗？"孔子的回答听起来倒有几分幽默："活着是怎么一回事都还没搞清楚，哪能知道死是什么呢？"

朱熹在《论语集注》中解释："问事鬼神，盖求所以奉祭祀之意。"古人对于鬼神、祖先的祭祀是非常注重的，皇帝登基之后，也要择时祭天、祭祖，以求庇佑。然而孔子的生死观却显示了另一种立场，朱熹的解释是："盖幽明始终，初无二理，但学之有序，不可躐等，故夫子告之如此。"这句话的意思是说，就像昼夜一般，分不出谁先谁后，但是学道修业有先后顺序，不可以随便超越，所以孔子才这样告诉子路，要先侍奉好人，才能去谈如何侍奉鬼神；要先了解生的道理，才有可能了解死为何物。或许正基于"学之有序"的理由，孔子认为活生生存在的事情，人都不见得可以了解，更何况是上天的鬼神、未来的死亡等这些生活经验中无法捉摸的事情！

历久弥新说名句

孔子重视人，所以会说"未能事人，焉能事鬼"，他也曾经强调"敬鬼神而远之"（《雍也·二十》），无非是希望教育弟子重视"人"的问题。

从人类的文化史来看，人对于死亡的规划十分慎重。历史上

"殷人尚鬼",殷人的"亚字形墓"就是对死后世界的憧憬。近年来,因《西藏生死书》(索甲仁波切着,郑振煌译)的引荐,以及《死亡的尊严与生命的尊严:从临终精神医学到现代生死学》(傅伟勋著)等著作引起重视,生死学成为大众关注的课题,"临终关怀"受到重视,各大医院也有"临终病房"的设立。

生死学作为一门学问,是要透过"存在"去认识"死亡",并借由思考死亡的同时,重新界定存在的价值。西方哲学家海德格尔在《存在与时间》中说:"人是向着死亡的存在。"死亡是每个人必然的结果。庄子认为死就是生,"彼出于是,是亦因彼",生是因为死而来,死也是因为生而有,所以说"方生方死"。当庄子的妻子过世时,他可是击鼓狂歌呢!在畅销著作《最后十四堂星期二的课》中有句话:"只要你学会死亡,你就学会了活着。"换言之,理解死亡的意义,方体会存在的价值,才能"安身立命"。

浴乎沂，风乎舞雩，咏而归

名句的诞生

　　"点[1]，尔何如?"鼓瑟希[2]，铿尔，舍瑟而作[3]。对曰："异乎三子者之撰[4]。"子曰："何伤乎? 亦各言其志也。"曰："莫[5]春者，春服[6]既成，冠者五六人，童子六七人，浴乎沂[7]，风乎舞雩[8]，咏而归。"夫子喟然叹曰："吾与点也。"

——先进·二十五

完全读懂名句

　　1. 点：即曾晳，其名点，是曾参的父亲。2. 希：同"稀"，指法稀疏，是预备停止鼓瑟的动作。3. 作：起立。4. 撰：意见。5. 莫：同"暮"。6. 春服：春天穿的衣服，夹衣。7. 沂：水名，在鲁国城南，地方志提到此地有温泉。8. 舞雩：古代祭天祈雨的地方。

　　"曾点，你怎么样？"曾点把鼓瑟的手指放慢，铿然一声停止，放下瑟，起立答道："我和他们三人都不同。"孔子说："那有什么妨碍？就是谈谈个人的志向。"曾点说："暮春三月时，早已换上春天简单的短夹，我和五六个青年人、六七个孩子，一起到沂水边戏水，洗手洗脸，在舞雩下乘凉吹吹风，然后唱着歌回家。"孔子叹息而深许之："我赞成曾点的看法。"

名句的故事

　　这段对话的始末详细记载在《先进篇》。有一回子路、曾点、冉求、公西华四个人陪伴在孔子身旁，孔子要学生们谈谈志向。子路马上就说，一个面临饥荒的千乘大国，由他治理三年后，人民勇敢，讲信义。孔子听了笑笑。冉求表示，他可以治理一个六七十里见方的小国，让人民生活满足，至于礼乐文教，就得等待贤君了。公西华则谦虚地说，他并无才能，不过是想学习家国大事。之后，就轮到曾点了。于是他描绘出这样一个相伴出游的美好场景，说得连孔子都深表赞许。

　　曾点等同学都离去后，就问孔子为何没有评论其他三位同学的看法。于是孔子说，子路要以礼治国，但说话没有一点礼让，太过鲁莽，所以才笑。孔子与学生谈志向，于是成就了这段韵味悠长的语录。

历久弥新说名句

中国文学中，山水文学占有一席之地，追溯其滥觞，或许就在曾点说出"莫春者，春服既成，冠者五六人，童子六七人，浴乎沂，风乎舞雩，咏而归"这段众人出游意境幽远的描写。这是美学观点下的和谐场景，人在天地中，与天地的气象共存和鸣。

许多人认为，柳宗元《永州八记》一出，正式巩固山水游记的地位。例如，《始得西山宴游记》一文，藉西山气势"萦青缭白，外与天际，四望如一，然后知是山之特出，不与培塿为类"，道出了政治失势无从施展的悲情。最后，"心凝形释，与万化冥合"，只有在自然中释放心神，与万物合一才是真正的游历。

"苏子与客泛舟游于赤壁之下"，而成苏轼《赤壁赋》，也是游记中的经典，其中："惟江上之清风，与山间之明月，耳得之而为声，目遇之而成色，取之无尽，用之不竭，是造物者之无尽藏也。"跳脱传统山水游记中大篇幅山水佳景的描写，把游记推向宇宙中变与不变的辩证，人生的探索更深一层。

不患人之不己知

名句的诞生

子曰："不患[1]人之不己知[2]，患其不能也。"

——宪问·三十二

完全读懂名句

1. 患：担心。2. 己知：知道自己。

孔子说："不要担心别人不知道自己，只要担心自己没有能力。"

名句的故事

"不己知"其实就是"不知己"，"不患人之不己知"就是不愁他人不知道自己。除了此处，孔子在《论语》许多篇章也讲过类似的话，可见孔子常以此自我惕励，并鼓励弟子。例如，他在

《学而》篇中说："人不知而不愠，不亦君子乎？"以及"不患人之不己知，患不知人也"。在《里仁》篇中提到："不患无位，患所以立。不患莫己知，求为可知也。"《卫灵公》篇也有意义相似的句子："君子病无能焉，不病人之不己知也。"

明末儒者王夫之注释此章时说："能夺我名而不能夺我志，能困我于境遇而不能困我于天人无愧之中。"对周游列国、四处碰壁的孔子而言，"不患人之不己知"也是"夫子自道"，相信自己是匹"千里马"，总有一天会碰到"伯乐"。

"不患……患……"是《论语》中常出现的句型，例如"不患寡而患不均，不患贫而患不安"、"不患无位，患所以立"。此种句法也常为后世袭用或改用，意思即"不怕……只怕……"例如"科技人才，不患寡患不精"、"为人父母者，不患不慈，患于知爱而不知教"、"财不患其不得，患财得而不能善用其财"，还有"人不患有癖，患无趣"等。

历久弥新说名句

孔子此段话可用来说明读书学习贵在自得，如果一心求名却没有实力，只是"半瓶醋响叮当"；如果自己是"卧龙、凤雏"，就算隐藏锋芒，伯乐也会千里而来。

"卧龙、凤雏"现指尚未成名的人才。相传刘备曾经落难，水镜先生司马徽为他推荐了"卧龙"与"凤雏"这两位不出世的奇才，卧龙指的是诸葛亮，凤雏是庞统，刘备得到两人的佐助，从颠沛流离的流浪军领袖，一跃成为与曹操、孙权鼎立而三的一方霸主。

当代知名作家刘墉接受访问时，曾表示儒家思想并非禁止追求名利，但求名当求天下名，他便举孔子的"不患人之不己知，患其不能也"，认为不怕名利不来，只怕来之不易或自己把握不住。其实刘墉本身就是这段话的最佳脚注，当初他写的书询遍出版社，无人愿意出版，他相信并非自己文章不好，只不过遇不到伯乐而已，仍在写作这条路上孜孜不倦。后来自创出版社发行，结果一跃成为畅销书作家，可说是"人不己知"却能自闯一片天的典范。

新新时代中，有不少人颇像钱钟书《围城》所刻画的主角方鸿渐，"兴趣颇广但专长全无"。方鸿渐可说是每个世代好高骛远年轻人的原型，靠着长辈的资助一路读书到留学，可是没有真材实料，屈从于潮流却又感觉茫然，想要有成就但知道自己没能耐，又常自叹怀才不遇，因此觉得自己的人生、婚姻、事业都如"围在城堡里"动弹不得。

证严法师非常能体会孔子这段话的意境，她提及创慈济之初的艰辛时曾说："坚持理想往往必得独自忍受许多辛酸；但人世的艰难是智能的磨刀石，勇气与毅力也因之而生。"

四体不勤，五谷不分

名句的诞生

子路从而后，遇丈人¹，以杖荷蓧²。子路问曰："子见夫子乎？"丈人曰："四体不勤，五谷不分，孰为夫子？"植其杖而芸³。子路拱而立。止子路宿，杀鸡为黍⁴·而食之，见其二子焉。明日，子路行以告。子曰："隐者也。"使子路反见之。至，则行矣。

——微子·七

完全读懂名句

1. 丈人：老人家。2. 蓧：古代耕田除草所使用的竹制器具。3. 芸：同"耘"，除草。4. 黍：小米。

子路跟着孔子出行，因为落后而找不到孔子，在路边遇到了一位老先生，正用拐杖挑着除草的工具。子路问道："您有看到我的老师吗？"老先生回答："你说的那个人，四肢不运动、连五谷都分不清，怎么有资格当老师？"说完，老先生便扶着拐杖去除草，子路拱着手恭敬地站在一旁。老先生留子路在他家住上一晚，杀了鸡、做了小米饭给他吃，又叫两个儿子与子路见面。第二天，子路赶上了孔子，把这件事说给老师听，孔子说："这是个隐士啊！"于是叫子路再回去看看。子路回到那里，老先生已经走了。

名句的故事

《论语·微子》篇内容皆是孔子出外所遭遇的事，此章的丈人史称"荷蓧丈人"，与长沮、桀溺、接舆都是隐士。根据《史记·孔子世家》的记载，子路遇见荷蓧丈人，是发生在孔子从楚国回蔡国的途中，是孔子周游列国最困顿的时刻，各国国君都不愿采纳他的意见，而隐士们也都劝孔子归隐。

不过，钱穆在《老子辩》一书中却语出惊人，认为老子就是老莱子，而"莱"有除草的意思，所以老莱子也是荷蓧丈人，即老子、老莱子、荷蓧丈人都是同一个人。

在儒家看来，有才能的人都应该出仕当官，帮助国君治理国家、管理人民。孔子虽然有时会嚷着要归隐，如在《卫灵公·六》中有："邦有道，则仕；邦无道，则可卷而怀之。"即国家上轨道就当官，不上轨道就引退。孟子也说："穷则独善其身，达则兼济天下。"（《孟子·尽心上》）如能实现抱负就当匡济天下，如果不能就管好自己。这两句也都有人在野心在朝、隐而不逸的意涵。

历久弥新说名句

"四体不勤，五谷不分"，再加上"六畜不辨"，都是用来批评读书人只会读书，对一般生活的基础事项不了解，与社会脱节，用闽南语来说，就是"吃米不知道米价"。

元朝时，因为怕读书人宣传反蒙古思想，对读书人极尽鄙夷，将人民分为十等，分别为一官、二吏、三僧、四道、五医、六工、七猎、八娼、九儒、十丐。读书人与乞丐并称"九儒十丐"，从此"臭老九"便成为骂读书人的名词。

不只他人讥笑，连读书人有时也难免自叹"百无一用是书生"。这出自清诗人黄仲则《杂感》中的："十有九人堪白眼，百无一用是书生。"读书人十个中有九个遭人白眼，因为一点用处都没有。此语可说是黄仲则的自我写照，他16岁中秀才第一名，但终生就只是秀才，虽然诗文为当世称道，一生却极度贫困，为了生计不得不四处奔波，因此有"百无一用是书生"之感，35岁便英年早逝。

鸟兽不可与同群

名句的诞生

子路行以告，夫子怃然[1]曰："鸟兽不可与[2]同群[3]！吾非斯人之徒[4]与而谁与[5]？天下有道[6]，丘不与易[7]也。"

——微子·六

完全读懂名句

1. 怃然：犹怅然。2. 与：和，跟。3. 同群：相亲、在一起。4. 斯人之徒：此处指世人。5. 谁与：即与谁。6. 天下有道：指天下平治。7. 易：改变。

子路回来告诉孔子问路的情形，孔子难过叹息地说："人不可能跟鸟兽为伍，我若不跟世人在一起，那么要跟谁在一起呢？如果天下太平，我也不用这么辛苦地四处奔走，去改变局势了。"

名句的故事

这一年，孔子55岁，年纪不轻，但仍然风尘仆仆，四处奔波于各国之间的道路上，一心追寻他仁爱治国的理想。但时局实在太乱，君不君、臣不臣，世道向下沉沦已经不是一天两天的事了。眼看着理想一点一滴从人间蒸发，孔子已经受够打击，居然还得不时遭受路人甲乙丙的嘲笑与冷言冷语。

故事是这样的，在从楚国到蔡国的路上，孔子跟弟子们一时找不到渡口，看见长沮、桀溺两个人在田里耕地，便派子路过去打听过河的渡口在哪里。

子路先向长沮询问，长沮却反问子路："那位在车上手拉缰绳的是谁？"子路回答："是孔丘。"长沮又问："是鲁国的孔丘吗？"子路回答："是的。"长沮便说："那他应该知道渡口在哪里才对。"

子路感到莫名其妙，只好转过身改问桀溺。桀溺也是问题多于答案："你是谁？"子路说："我是仲由。"桀溺又问："是鲁国孔丘的弟子吗？"子路回答说："是的。"桀溺就说："现在全天下已经像淹大水一样，到处乱哄哄的，谁能改变这种情形呢？我看你与其追随那只是逃避作乱的人，还不如干脆跟随我们这些彻底远离社会与乱世的人呢！"说完就继续低头犁土耕种，不理会子路了。

子路问了半天，问不出个所以然，只好回来向孔子报告长沮、桀溺二人所说的话。孔子听完，一脸忧郁地说了上面这一段话："人类不能和鸟兽为伍，若不和世人在一起，那么要和谁在一起呢？如果天下太平，我也不用这么辛苦地四处奔走，去改变局势了。"

孔子的忧郁不是没有道理的，因为除了长沮、桀溺之外，嘲笑过孔子的还有楚狂接舆（《微子·五》）、荷蓧丈人（《微子·七》）、微生亩（《宪问·三十四》）和石门晨门（《宪问·四十一》）等人。孔子立志救天下，旁人不帮忙也就算了，居然还跑来"泼冷水"，令谁能不气闷呢！

历久弥新说名句

究竟要选择"与鸟兽同群"而独善其身，还是"与人同群"而兼善天下，真让历来不少知识分子困扰不已。

后汉时，好朋友郅恽与郑敬可说是这两派的代表。郅恽是个聪明又勇敢的人，常做一些"逆上"的事情。他胆大到建议王莽自动退位，又曾当着河南太守欧阳歙的面，指责太守的好朋友是个地痞流氓，甚至还把东汉光武帝挡在城门外，不让他进城。他的好朋友郑敬生怕郅恽惹来杀身之祸，于是劝告郅恽何不一起隐居山林，别再当官了。于是两人就跑到山里过着砍柴、钓鱼的日子，但郅恽毕竟耐不住这种寂寞，他对郑敬说："天生俊士，以为人也。鸟兽不可与同群，子从我为伊、吕乎？将为巢、许，而父老尧、舜乎？"（《后汉书·申屠鲍郅列传》）郅恽的意思就是，不可与鸟兽同群，他打算要走了，不知郑敬是否愿意与他同行，一起成为帮助商汤与周武王建立大业的伊尹、吕向，还是要成为让尧舜找不着的巢父、许由呢？结果，郅恽是一个人下山的。

　　追本溯源，孔子是选择"与人同群"这一派的祖师爷，他就像是中国的唐·吉诃德，永远乐观，"知其不可而为之"。周游列国之后，孔子返回鲁国，他没闲着，马上开始编写书籍（作《春秋》），准备让乱臣贼子睡不着！

无可无不可

名句的诞生

逸民[1]：伯夷、叔齐[2]、虞仲[3]、夷逸、朱张、柳下惠[4]、少连[5]。子曰："不降其志，不辱其身，伯夷叔齐与？"谓柳下惠、少连："降志辱身矣，言中伦[6]，行中虑[7]，其斯而已矣！"谓虞仲、夷逸："隐居放言[8]，身中清[9]，废中权[10]。""我则异于是，无可无不可。"

——微子·八

完全读懂名句

1. 逸民：遗逸无位之人。2. 伯夷、叔齐：两人为殷商末年孤竹君之子，因不认同周武王伐纣的行为，而双双逃至首阳山，不食周粟而死。3. 虞仲：相传为仲雍，又名吴仲、孰哉。商末周族领袖古公亶父次子。古公有三子，长子泰伯、次子仲雍、三子季历。他特别钟爱孙子昌（季历之子），想要先传位给季历，然后再传给昌。仲雍与泰伯体恤父意，主动避位，后入荆蛮，断发文身，与民并耕。4. 柳下

036

惠：（亦称柳下季），姓展，名获，字子禽。为鲁国司空，为官清廉正直，执法严谨，不合时宜，弃官归隐，居于柳下（今濮阳县柳屯）。死后被谥为"惠"，故称柳下惠。5. 少连：鲁少连。6. 言中伦：说话有分寸，合乎伦理。7. 行中虑：行为审慎，合乎思虑。8. 放言：放肆直言，说话毫无拘束。9. 身中清：洁身自好，维持品格的清高。10. 废中权：废，发也。发言合乎权宜。

志节清高的隐士有：伯夷、叔齐、虞仲、夷逸、朱张、柳下惠、少连。孔子说："不降低自己的志节，不屈辱自己的尊严的，只有伯夷、叔齐吧！"对于柳下惠、少连的评语是："降低志节，屈辱尊严，但说话有分寸，合乎伦理，行为审慎，合乎思虑，他们只做到了这些。"对于虞仲、夷逸则说："辞官避世隐居，放肆直言，洁身自好，维持品格的清高，而发言也合乎权宜。"最后说："我同这些人则不一样，没有什么可以不可以的。"

名句的故事

春秋时代，社会混乱无序，君不像君、臣不像臣，知识分子究竟该何去何从，每个人都有不同的看法，这个问题也让孔子颇伤脑筋。因此，孔子找了个机会拿自己和其他人比较了一番。在这里他先分出三类特质的人：

第一类，他们看到社会向下沉沦，仍旧坚持维护自己的原则，选择不同流合污。因此，就会躲得远远的，像伯夷、叔齐一样，跑到首阳山，靠着采野菜维生，慢慢饿死。

第二类，正好相反，他们目睹社会的堕落，仍然执意坚守在岗位上，认为自己可以"出污泥而不染"。这类人就像柳下惠、鲁少连一样，不因替败德的国君做事而感到羞耻，即使被国君炒了三次鱿鱼（这是指柳下惠，"直道而事人，焉往而不三黜"《微子·二》），还是依然选择继续留在原处。换言之，他们没有躲到深山里隐居，或去环游世界。

而第三类，他们也看到世道污浊，虽然选择不出来做官，但依然用"嘴巴"去关心世局，选择持续批评社会不仁不义之事。这类人有虞仲、夷逸等。

最后，孔子说他自己跟上面三种人都不一样，属于第四类。天下无道时，有机会可以做官他就做，没有机会、没法做官他就不做。口语一点的说法，就是"这样也行，那样也行"。"无可无不可"其实是孔子"环游世界"回鲁国定居后的心境写照，这时孔子已经 71 岁了，看尽人生百态的他，已不再执著于一隅，而"从心所欲不逾矩"。

历久弥新说名句

孔夫子所创造的这一句名言"无可无不可"，乍看之下，仿佛有点随便、没原则，但是，换个角度，又给人一种莫测高深、捉摸不定的感觉，可以说是既"没个性"又"很有个性"。简简单单的几个字，居然可以展现出这么丰富的表情，难怪不少历史人物都喜欢引用呢！

在后汉末期，两雄相争（公孙述和刘秀），大家纷纷要押宝。名将马援就分别去拜访了这两位候选人，好判断谁才是真正的真命天子。结果，他对刘秀的印象特别好。回去之后，他向好友隗嚣大肆称赞了刘秀一番，隗嚣听完了就问他："那么你觉得刘秀比起汉高祖刘邦哪一个好呢？"马援想了一下，就引用了孔子的这一句话来形容高祖："高祖不如刘秀，高祖为人无可无不可，但是刘秀就不一样了，他行事有规有矩、律己甚严，连喝酒都很节制谨慎。"这里的"无可无不可"，似乎就是用来形容一个人随性、没原则。

但是换到另外一个场景，又有完全不同的意涵。东晋时，王中郎命令伏玄度和习凿齿两人写文章评论青州、楚地一带的人物，快完稿时，王中郎把文章拿给另外一个人韩康伯，看看内容写得好不好。韩康伯看完，保持沉默，王中郎感到奇怪："你怎么不说话呢？"韩康伯就勉强吐了几个字，那就是："无可无不可！"（没什么好，也没什么不好的！）

再回到孔子身上，我们要怎样去诠释发生在他当时的那一个场景呢？或许，智者的"无可无不可"，是一种"中庸之道"；而愚夫愚妇的"无可无不可"，往往就流于"没有原则"、"随波逐流"了。

食不厌精，脍不厌细

名句的诞生

　　食不厌[1] 精[2]，脍[3] 不厌细[4]。食饐[5] 而餲[6]，鱼馁[7] 而肉败[8]，不食。色恶不食，臭恶不食。失饪[9] 不食，不时[10] 不食。割不正[11] 不食，不得其酱[12] 不食。肉虽多，不使胜食气[13]。唯酒无量，不及乱。沽酒市脯[14] 不食。不撤[15] 姜食，不多食。祭于公，不宿肉[16]。祭肉不出三日，出三日，不食之矣。食不语，寝不言。虽疏食[17] 菜羹瓜祭，必齐[18] 如也。

——乡党·八

完全读懂名句

　　1. 厌：餍也（饱也，足也）。2. 精：精细。3. 脍：读作 kuài，切得很细的肉。4. 细：细致。5. 饐：读作 yì，食物存放时间过长。6. 餲：读作 ài，食物变质、变味。7. 馁：读作 něi，鱼肉从内向外开始腐烂，不新鲜。8. 败：肉从外向内开始变质、腐烂。9. 失饪：饪，读作 rèn，烹调制作饭菜。失饪，指火候不足或太过，导致不熟或烧焦。10. 不时：不到进餐的时候。11. 割不正：猪牛羊宰杀处理的方式不当，切肉的刀法不对。12. 酱：醋、芥、盐、梅等作料的总称。13. 食气：指五谷之气。14. 沽酒市脯：沽和市均指从市场商贩购买之意；脯为熟肉干。15. 不撤：不除去。16. 不宿肉：不使肉过夜。古代大夫参加国君祭祀以后，可以得到国君赐的祭肉。但祭祀活动一般要持续二三天，所以为能尽量保鲜，不能再过夜了。17. 疏食：粗茶淡饭。18. 齐：同"斋"，斋戒。

食物原料要选择精致质优的，肉类要切得细细的。食物陈旧变质馊臭、鱼肉变质腐烂，不吃。颜色不对，不吃；气味难闻，不吃。烹调火候不当，不吃；不到进餐的时候，不吃。宰杀方式不当、切得不合刀法，不吃；没有合适的调味作料，不吃。吃肉的量，尽量不超过主食。饮酒不超过量，不要喝醉。市场上买来的酒和肉干，不干净的不吃。不撤走桌上的生姜，也不吃过量。参与国君的祭祀典礼，分得的祭肉不留过夜，当天便分送人。家中的祭肉，也不留过三日；过了三日，就不吃了。吃饭的时候不说话，睡觉的时候也不说话。即使是粗米饭、蔬菜汤、瓜类，饭前也要祭拜一下，并要像斋戒时期一样的严肃恭敬。

名句的故事

远在春秋战国时期，饮食文化就已经发展到相当高的水准，宫廷里能烹制"八珍"美食，饮食礼仪也制度化了。《礼记》记载关于"进食之礼"，连座位怎么排、盘碗怎么放、吃饭时不许"反鱼肉"（把咬嚼过的鱼肉放回到共食的食器中）、不许"扬饭"（用手散其热气）、不许大口喝汤、不许剔牙齿等，这些细枝末节都视为礼仪加以规定。

圣者孔子并不是一个不识柴米油盐的人，他对于饮食相当有自己的一套看法，有所"吃"，有所"不吃"。首先他认为"吃"的食物应该选择食材优质、切工精细的，还要讲究烹调方法，不会嫌太精致。

而"不应该吃"的情况则有：食物变质、变色、变味等，也就是不新鲜、腐败的食物，不该食用。还有火候不当、食物半生不熟、不是吃饭的时间、肉的处理方式不当、没有适合的调味酱料、从外面买来且不卫生的肉干和酒等，都不应该食用。

另外，喝酒有节制、少吃肉、多吃菜、饮食不过量等，均符合现代养生概念。

历久弥新说名句

南怀瑾曾在《禅说》里讲过这样一则笑话：有一位酸气十足的老夫子，开口闭口都是子曰。他经常对别人说，《论语》是圣人的言论，如果能够做到其中的一句，就可以变成圣人。隔壁一位游手好闲的富家子弟就说："先生说得极是，我已经达成了《论语》中的某项目标，我是否是大圣人了？"老夫子一听，急忙问是哪一项。年轻人不急不忙地回答说："食不厌精，脍不厌细。"老夫子一听便知道被捉弄。

对于吃这项目标，应该不难达到吧！连主张清心寡欲的老子都曾说："圣人为腹不为目。"（《道德经》第十二章）不过，"食"可以载人，亦可覆人。《左传》记载，公子宋对"食"情有独钟，有一次他去拜访郑灵公，突然食指大动，于是他笑着对旁边的人说，有美味等着他了。这正是成语"食指大动"的由来。

公子宋入殿后就看到厨师正在解割鳖，于是他更得意地笑着。后来郑灵公知道这件事，反而不悦，心想："我不赐予你，任你食指再怎么动，也是没辙。"

鳖羹煮好后，郑灵公将它分赐给众大臣，唯独没有分给公子宋，并且还说："这次食指不动了吧。"公子宋勃然大怒："我就吃给你看。"愤而将食指伸入鼎中蘸食鳖羹后拂袖而去（"染指"的由来）。郑灵公看到这番景象暴跳如雷，声称非杀掉公子宋不可。

公子宋回家后怒气难消，又听说灵公要杀他，便先下手为强，杀害了灵公。郑国也因而陷入一场混乱，一切只因"食"而起。

吾日三省吾身

——品德修养

君子务本，本立而道生

名句的诞生

有子[1]曰："其为人也孝弟[2]，而好[3]犯上[4]者鲜[5]矣。不好犯上，而好作乱[6]者，未之有也。君子务本[7]，本立而道[8]生。孝弟也者，其为仁之本与！"

——学而·二

完全读懂名句

1. 有子：孔子弟子，名若。2. 孝弟：孝顺父母，友爱兄弟。3. 好：喜好。4. 犯上：冒犯长上。5. 鲜：很少，稀少。6. 作乱：兴风作浪、破坏秩序。7. 务本：务，专心致力；本，根本。8. 道：天理，日常事物的道理。

有子说："如果一个人孝顺父母、友爱兄弟，那么会存心喜好冒犯长上的，必定很少。这个人不好犯上，而好兴风作浪的，那更是不会有的。君子专心致力在事情的根本，根本建立起来了，仁道也就产生。于是可以说，孝顺父母、友爱兄弟，就是仁道的根本。"

名句的故事

孔子的弟子中仅四人有"子"的称号，包括有子、曾子、闵子、冉子，但在《论语》中，后两者仅见一次。汉朝的刘向认为《论语》乃是孔子的弟子们共同记录编纂，但宋朝的程颐认为应该是有子、曾子的学生所记，因为孔子其他弟子在《论语》之中，皆称为子某，只有有子、曾子例外，如此推论，也可见两人是孔子弟子中的领袖人物。

有子是孔子晚年的得意门生，喜欢钻研上古的制度礼仪，据说是上古帝王有巢氏的后裔。孟子曾说，在孔子诸多弟子之中，有子长得最像孔子，因此在孔子死后，其他弟子请有子代为讲课，后来因为曾子不赞成而中止。

有子这番话被延伸为"百善孝为先"、"忠臣出自孝子之门"，古代帝王在择人选才时，常看其是否孝顺父母。因为一个人连自己的亲人都不爱，又怎么会去爱路人？一个不爱人民的官员，又怎么会爱国呢？

历久弥新说名句

"君子务本，本立而道生"，这句话也可解释为，一切都要

"回归基本面",而最适合诠释这段话的历史故事,当属魏征写给唐太宗的《谏太宗十思疏》。

魏征的奏疏写于贞观十一年,当时,战争已经结束十几年,人民得到休养生息,经济慢慢复苏,加上对外讨伐屡获胜利,唐太宗开始骄奢挥霍,四处巡游,劳民伤财,于是怨声四起。魏征在这一年频频上疏,以"固本思源"来劝谏唐太宗,劝他回到根本,"居安思危,戒贪以俭"。

魏征在疏中写道,"臣闻求木之长者,必固其根本;欲流之远者,必浚其泉源,思国之安者,必积其德义。源不深而岂望流之远,根不固而何求木之长,德不厚而思国之治,虽在下愚,知其不可,而况于明哲乎!"意思是,如果要树木活得长久,必定要固其根本;如果要河流不堵塞,那么就要常常疏浚其源头;如果要国家长治久安,那么就要累积德义。其实就是要唐太宗好好修德,戒掉骄奢淫逸、好大喜功等毛病,一切回到治国的最根本。

魏征的《谏太宗十思疏》,希望唐太宗从根本面来改善自己,唐太宗也从善如流,让刚上轨道的朝政,不因一时的放纵而中断。

吾日三省吾身

名句的诞生

曾子曰："吾日三¹省吾身，为人谋²而不忠³乎？与朋友交而不信⁴乎？传⁵不习⁶乎？"

——学而·四

完全读懂名句

1. 三：古人常以"三"代表"多数"。2. 谋：谋划，出谋划策。3. 忠：竭尽所能称为忠。4. 信：诚实信用。5. 传：指从老师那边学习。6. 习：复习，温习。

曾子说："我每天都会好几次这样反省自己，我替人谋事，没有尽心尽力吗？与朋友来往，没有信守承诺吗？从老师那边学到的道理，没有印证练习吗？"

名句的故事

在孔子与有子之后,曾子是《论语》的第三位发言者,由此可见他在孔门的地位。曾子这段针对自身加以反省的话,影响了中国两千多年哲学与文化发展的方向,之后宋朝的理学与明朝的心学,都针对"省"字进行深入的阐述发扬。

南宋儒学大家谢显道便以此认为,曾子是孔学正宗的传人,因为诸子之学都是传自孔子,然而愈传却愈失真,其中唯独曾子之学,专门修养内心,传达了孔学的真谛,而曾子之后便是子思、孟子,属于儒家思想的一脉相传。

曾子在孔门弟子之中,资质并不算聪明,透过"每日三省吾身"成为后世尊崇的大学者。

宋、元之间著名的历史学家胡三省,本名胡满孙,入学启蒙后受《论语》感悟,于是择取"吾日三省吾身"句义,改名胡三省。宋朝亡后,胡三省隐居而注释《资治通鉴》,他治学严谨的态度为世人赞叹,且充分展露出读书人的气节,后人皆认为他名副其实地实践了曾子"吾日三省吾身"的真谛。

历久弥新说名句

一日之计可能不在于晨,而在于昨天晚上,昨天晚上不检讨改进当日的过失,再怎么早起的鸟儿,也不会有虫吃。

　　曾子的这段话，不只适用于个人修养或求学，也可作为组织、团体、企业管理的方法学。日本就常将《论语》视为企业管理的宝典，他们认为曾子的"吾日三省吾身"，与老子的"知人者智，自知者明"、孙子的"知己知彼，百战不殆"，是培养企业人的法则。明治维新时期的涩泽荣一被誉为日本的企业之父，生平待人处事以《论语》为指南，并提倡"《论语》和算盘合一"的"义利合一论"，推广"《论语》中有算盘，算盘中有《论语》"，成为当时首屈一指的大企业家，他的见解被日本社会各界接受并流传后世。

　　以曾子这句名言所命名的"三省堂"，成了世界曾姓华人的标志，以及曾姓宗亲的聚集地。据说身为曾子后代的曾国藩，更是奉行曾子自我反省的教谕不敢违背，他有治心三要诀，"静坐养心，平淡自守，改过迁善"。他认为程颐、王阳明的学问窍门就在于静；而平淡自守，就是胸襟广大，功名看得淡；改过迁善，是把每天的事情记下来，改正错误，见贤思齐。

　　其实不只东方重视"吾日三省吾身"，在西方，年少失学的美国开国先贤富兰克林也曾说过："犯过的是人，悔过的是神，过而不改的是魔！"

见贤思齐焉，见不贤而内自省也

名句的诞生

子曰："见贤思齐¹焉，见不贤而内自省²也。"

——里仁·十七

完全读懂名句

1. 思齐：希望自己也一样。2. 内自省：内心自反省。

孔子说："看见德性卓越的人，就想要怎么努力才能跟他一样；看见德性有亏的人，就反省自己是否有一样的毛病。"

名句的故事

此章可与《述而·二十一》中"三人行，必有我师焉。择其善者而从之，其不善者而改之"，彼此相互对照观看。也就是说，学习别人的优点，看到别人的短处，就要自己警惕有则改之，如此可以与贤人并驾齐驱。

《孟子》中提到颜渊曾经说："舜何人也，予何人也，有为者亦若是！"只要努力，凡夫俗子都可以成为圣贤，不但"人皆可为尧舜"，且"有为者亦若是"。宋人杨万里在《庸言》一书中也认为："己有过焉，何必人告也？见人之过，得己之过；闻人之过，得己之过。"其实，不用等到他人告知才去改正自己的过错，时时就要反躬自省，并以他人的过错为借镜。

"见贤思齐"常是科学家成功的原动力。诺贝尔化学奖得主李远哲，年轻时便以居里夫人为榜样，发愿以科学为终身志业。居里夫人身体孱弱，再加上身为外国移民研究工作受尽阻挠，但她却未曾放弃，完成近世科学上的重大发现。李远哲曾回忆说："影响我一生最深远的首推《居里夫人传》，从这本传记中我真正了解到一个科学家的生活也可以是美丽而充满理想的。"

历久弥新说名句

此章可作为交朋友的圭臬，朋友中有贤与不贤，都为我们朝向世界的不同方向打开了一扇窗，而"思齐"与"内自省"，就是自我不断进步的动力。

一代明君唐太宗李世民便有"三镜说"："以铜为镜，可以正衣冠；以古为镜，可以知兴替；以人为镜，可以明得失。"也就是说，如果以铜做的镜子自照，可以整理好衣服、帽子；如果以古人为镜子，可以看清楚历史兴衰的缘由，如果把他人当成自己的镜子，从他人身上可以看到自己的优劣得失。

看来唐太宗深知"见贤思齐焉，见不贤而内自省也"的道理。在"见贤思齐"方面，他知人善用、举用贤良，除了魏征之外，还有王珪、房玄龄、杜如晦、虞世南、褚遂良、温彦博等名臣，其中有人当年反对过他当皇帝，尽管如此唐太宗依然能从这些贤者身上汲取优点，成就"贞观盛世"。

在"见不贤而内自省也"方面，他目睹隋朝的败亡，因此常以残暴荒唐的隋炀帝来警惕自己与臣下，他曾说过，"亡隋之辙，殷鉴不远"、"刻民以奉君，犹割肉以充腹，腹饱而身毙，君富而国亡"。意思是指君主对人民苛刻，就好像一个人割自己的肉来充饥，肚子饱了，人也死了，而君主富有了，国家也灭亡。

唐太宗在世时，曾将对唐有功的24位大臣的肖像画于凌烟阁，以为后世的榜样，便是希望后世臣子能见贤思齐，名留青史。

不迁怒，不贰过

名句的诞生

　　哀公问："弟子孰为好学?"孔子对曰："有颜回者好学，不迁怒，不贰[1]过。不幸短命[2]死矣，今也则亡[3]，未闻好学者也。"

——雍也·二

完全读懂名句

　　1. 贰：重复之意。2. 短命：寿命短。3. 亡：读作 **wú**，通"无"。

　　鲁哀公问："你的学生中哪个最好学?"孔子回答说："有个叫颜回的好学，他从不把怒气发泄到无关的人身上，不会重复犯同样的过错。可惜短命死了! 现在再也没这样的人了，没有听说过有好学的人了。"

名句的故事

从《论语》一书来看，颜回稳坐孔门的第一把交椅，也是受孔子称赞最多次的学生，遗憾的是，颜回年纪轻轻32岁就过世了。其实不仅在鲁哀公面前，鲁国大夫季康子也问过孔子同样的问题，孔子还是说："有颜回者好学，不幸命死矣！今也则亡。"（《先进·六》）究竟颜回好学到什么程度呢？孔子说："吾见其进也，未见其止也。"（《子罕·二十》）像孔子这样高标准的老师，居然会说出，只看过颜回努力用功向上，从没看见他停下来。颜回的好学可见一斑！

不过，为何孔子认为"不迁怒，不贰过"是好学的表现呢？因为能够做到这点就是所谓的"克己复礼为仁"，时时刻刻达到礼的标准，迈上行仁的途径。孔子曾经特别提到四件事情："德之不修，学之不讲，闻义不能徙，不善不能改，是吾忧也。"（《述而·三》）不修养德行，不追求学问，听到义理不顺从，有了过失不悔改，这四点让孔子引以为忧。而颜回不贰过、努力不懈，便符合孔子对学生的期望。

其实从一些蛛丝马迹中，不难发现孔子把颜回当作是另一个自己。孔子曾对颜回说："用之则行，舍之则藏，唯我与尔有是夫。"（《述而·十》）孔子的意思是，能受君主任用就施展抱负，不受任用就隐退自修，能够做到这样的只有他和颜回吧！

历久弥新说名句

　　颜回能够成为最好学并实践孔子教诲的学生，其聪明才智自不在话下。有一次孔子问子贡："你与颜渊哪一个比较优秀？"子贡很诚恳地回答说："我怎么敢和颜回相比！颜回可以懂一件道理后，推论出另外十件类似的道理，而我最多只能推论出两件道理。"（"回也闻一以知十，赐也闻一以知二。"《公冶长·五》）可见颜回理解与归纳演绎的能力高人一等。

　　明朝张岱写过一本书《史阙》，这本书里面有一个很有意思的故事。唐朝韩愈前去京城参加科举考试时，当时的主考官是陆贽，题目是《不迁怒不贰过论》，陆贽看完韩愈的文章之后，并没有录取他。过了两年韩愈再次赴考，陆贽仍然是主考官，而且还出了相同的考题。这次韩愈照样把之前的文章一字不改地写了一遍，然后就交了出去。不过这次陆贽却改变之前的看法，看出文章的高妙处，对韩愈大加赞赏，并将他录取为第一名。由此看来，陆贽真可谓是"不贰过"啊！

君子坦荡荡，小人长戚戚

名句的诞生

子曰："君子坦[1]荡荡[2]，小人长[3]戚戚[4]。"

——述而·七

完全读懂名句

1. 坦：平坦。2. 荡荡：宽广的样子。3. 长：经常。4. 戚戚：忧愁的样子。

君子循理而行，所以心地平坦宽广；小人患得患失，所以心里经常忧愁局促。

名句的故事

在周代的封建制度下，君子与小人原本是指一种身份阶级，君子是政治上在位的贵族，小人则是被统治的平民，这是世袭、天生决定且无法改变的。但是孔子把知识带到平民阶层，打破了只有贵族才能受教育的状况，贵族与平民的界线逐渐模糊，于是君子与小人便从身份阶级转化成德行修养的境界。在人人皆可受教育的基础上，要当君子或小人，完全取决于自己。孔子在整部《论语》中多次讨论到君子与小人的不同。"君子坦荡荡，小人长戚戚"与"君子泰而不骄，小人骄而不泰"大旨相同，都说明了二者在心境与所散发气质上的差异。君子的重心在公不在私，能超越一己之私，循正理而行，气质是安详舒泰的；反观小人，凡事计较一身之所欲，而外在事物有太多不能顺心，所以常陷于忧虑狭隘的心境。

历久弥新说名句

外在的名利地位再怎么显赫，往往比不上内心世界的平静充实，造成"长戚戚"与"坦荡荡"的区隔就在于人的修为。心胸开阔的人，不会把自己当成地球的中心，而能与人为善，《韩非子·内储说上》中有："君子不蔽人之美，不言人之恶。"《荀子·不苟》也说："君子崇人之德，扬人之美，非谄谀也。"不把自己放在最重要的位置，所以无须打压异己，也不必谄媚逢迎，而能发自内心欣赏他人。

"坦荡荡"的君子不但懂得欣赏别人，而且向善学习，不起嫉妒之心，宋朝的欧阳修曾说："君子之于人也，苟有善焉，无所不取。"（《宦者传论》）王安石也提到，君子希望天下人皆入善，所以不会"以不善而废其善"（《中述》）。而小人则反是，苏洵说："君子有机以成其善，小人有机以成其恶。"（《衡论·远虑》）君子心里想的都是如何成人之美，而小人所想的却是如何干坏事。不管是"外君子而内小人"还是"口有蜜而腹有剑"，他们并不快乐，因为心口不一，而且老是想着如何维护自己的利益，无怪乎只能"长戚戚"。

若从现代心理卫生的观点来看，"君子坦荡荡"就是君子能自我悦纳、心情开朗，而"小人长戚戚"则是因为小人不能接纳自己，所以常常自苦、自危、自惭、自卑、自惑，以致自毁。悦纳自己是一种心理状态，与客观环境、外在条件并不完全相关。有些人生理上有缺陷，但很乐观，有些人五官端正、四肢健全，却不欢喜自己；有些人物质生活匮乏，但知足常乐，而有些人有钱有势，却不觉得快意。因此，要当小人或君子，完全系于一念之间，如同陶渊明体悟到，"既自以心为形役，奚惆怅而独悲？悟已往之不谏，知来者之可追；实迷途其未远，觉今是而昨非"（《归去来兮辞》），因此决定倾听内心的声音，做了罢官的决定，就算是"草盛豆苗稀"，只要"但使愿无违"（《归园田居·三》），便心满意足了。

毋意，毋必，毋固，毋我

名句的诞生

子绝四：毋意[1]，毋必[2]，毋固[3]，毋我[4]。

——子罕·四

完全读懂名句

1. 意：猜测。2. 必：绝对化。3. 固：固执。4. 我：由第一人称代词引申为自以为是、私心利己的意思。

孔子平日为学治事，戒除四种私见：不凭自己的想象而妄加臆测事情；对人对事不绝对肯定或绝对否定；不固执己见；不自以为是、自私自利。

名句的故事

"毋意，毋必，毋固，毋我"这八个字充分表现了中国文字的精要之美，它可说是孔子安身立命、自我期许的座右铭。

孔子在教导弟子时最反对主观及自以为是。一个当惯了教师的人，往往容易摆出一副无所不知的架子，有时甚至不知道的也假装知道，但是孔子却很努力地让自己不陷入这种窠臼，他曾对子路说："知之为知之，不知为不知，是知也。"（《为政·十七》）这是孔子虚心追求知识的态度。一个人若经常只凭自己的想象去臆测事情，就会陷入过于主观、固执及自我的偏执。

历久弥新说名句

"毋意，毋必，毋固，毋我"是一种科学、客观的精神。

"毋意"并不是要人摒弃想象或假设，有想象力是很好的，但是若没有根据地空想，就会流于"做白日梦"，胡适有一句名言："大胆假设，小心求证。"没有"小心求证"的"大胆假设"就是臆想、空想。

"毋必"是一种有弹性、柔软的态度，世界上的事情瞬息万变，过去曾被认为是真理的，后来被推翻了，焉知现在认为不可能的事，将来不会发生？因此对人、对事都不能太僵化，尤其在信息泛滥的今日，对任何接收的讯息都不能道听途说，而必须保持怀疑，当然也不能抱残守缺，才可与时俱进。所谓"君子不器"（《为政·十二》），就是说君子要像流动的水一样柔软，不要像容器被限制住了。

"毋固"是不要固执己见，所谓"智者千虑，必有一失；愚者千虑，必有一得"（《史记·淮阴侯列传》）。多听他人意见总是好的，朱熹《观书有感》诗云："半亩方塘一鉴开，天光云影共徘徊。问渠哪得清如许？为有源头活水来。"唯有不固执，思绪才能如活水般常保新鲜清澈。

"毋我"是四者中最重要的，事实上它可以统合前面所说的毋意、毋必以及毋固。当我们在说话或写文章时，最容易以"我"作为开头。王国维在《人间词话》里说："以我观物，物皆着我之色彩。""以我观物"就像戴上有色眼镜看世界，事物都不免染上主观的色彩。唯有以"无我之境"去"以物观物"，不预设立场，才能用客观的同理心接纳万物，就如庄子的境界："天地与我并生，万物与我合一。"唯有放下我执，才能与万物和平共处，与天地万物成为"生命共同体"，这才是人之所以为人的可贵之处。

吾未见好德如好色者也

名句的诞生

子曰："吾未见¹好德²如好色者也。"

——子罕·十七

完全读懂名句

1. 未见：未曾见过。2. 好德：喜好德性。

孔子说："我未曾见过爱好德性如同爱好美色的人。"

名句的故事

南宋儒者谢显道解释此章时，说喜欢美丽和讨厌恶臭都是人的天性，如果有人好德如好色，那么就是真正非常好德了，可是很少有人能够做到。

《论语》几乎完全没有提及任何女性，包括孔子的母亲、妻子、女儿，都未曾记录，唯一例外是卫灵公的夫人南子。而在《子罕》与《卫灵公》，出现两次"吾未见好德如好色者也"，是《论语》中少见重复的话之一。

根据《史记·孔子世家》，卫灵公的宠姜南子美丽但声名狼藉，她得知孔子来到卫国，因此想借重孔子的声望拉抬自己，便派人告诉孔子想见见他。孔子知道南子名声不佳，但因为她深得卫灵公宠信，自己与弟子若想在卫国留下来，实在无法拒绝她的邀约。

然而，南子不仅以见到孔子为满足，还要孔子的车跟在她的车后，"招摇过市"、公开炫耀。当孔子回到住所，还得跟子路等不高兴的弟子解释，甚至必须"指天画地"发誓，他此行乃是迫不得已的。

有学者推测，"唯女子与小人为难养也"这句带有大男人主义色彩的话，便是在这件事之后所说，"女子"指的是南子，"小人"指好色的卫灵公，"难养"指他们难相处和没德行。

历久弥新说名句

两千多年来，各种揣测议论不断，有人说连孔子也差点被南子所诱惑，有人甚至说这是孔子的"婚外情"，林语堂以此撰写了独幕悲喜剧《子见南子》。此剧在孔子故乡曲阜演出后，孔子后人愤而告官，当时掌握大权的孔祥熙为维护孔氏的尊严，下令调查。

　　鲁迅为了孔家后人告官的事，写了一篇《关于子见南子》，批评孔家对此大做文章，实在不必要，更对演出学校的校长因此被调职大表不平，认为这是"强宗大姓"的胜利。

　　此章希望人们可以好德如好色般的积极，然而"食色，性也"（《孟子·告子上》），常被许多人当成"重色轻德"的借口，认为既然孟子都如此说，便可以大大方方地好色而不好德，没人肯做"坐怀不乱"的柳下惠。

　　"柳下惠"是好色之徒"登徒子"的反例，指的是不会"因色乱性"的正人君子。相传春秋鲁国的贵族柳下惠在一个寒冷的夜晚返城，而城门已关，只好在附近将就睡一晚。另有一个妇女也被关在城外，没有住处。半夜柳下惠怕她受冻，叫她坐在自己怀里，并解开外衣包裹她，同坐一夜并没有对女子"毛手毛脚"，被称为"坐怀不乱"的君子。

　　不过有人认为应是"坐槐不乱"，故事是另一个版本。柳下惠出外访友遇到大雨，便跑到郊外的古庙躲避，但一踏进门槛便看见一个裸体女子在里头拧衣，于是他急忙退出古庙，在槐树底下任暴雨浇注……

知者不惑，仁者不忧，勇者不惧

名句的诞生

子曰："知者[1]不惑，仁者[2]不忧，勇者[3]不惧。"

——子罕·二十八

完全读懂名句

1. 知者：有智能的人。2. 仁者：有仁德的人。3. 勇者：勇敢的人。

孔子说："明智的人没有困惑，行仁的人没有忧虑，勇敢的人没有畏惧。"

名句的故事

孔子除了在此章提过"智仁勇"三种美德，在《宪问·三十》里也有相同的说法，不过三者顺序不同，而是"仁者不忧，知者不惑，勇者不惧"。孔子自谦不具备此三种美德，但子贡认为孔子三德皆备，此段话乃是"夫子自道"。

孔子在《为政·四》中说："吾十有五而志于学，三十而立，四十而不惑，五十而知天命，六十而耳顺，七十而从心所欲，不踰矩。"孔子到了四十岁便不再困惑，也就是已经达到智的境界。

提到孔子不忧不惧的事迹，当是孔子被匡地的人误认为阳虎，而将他与弟子团团围住时的危机处理。这段插曲发生在孔子五十五岁，从卫国要到陈国的途中经过匡地（今河南省长垣县），因为孔子与曾经蹂躏过该地的阳虎长得很像，因此匡人将孔子误以为是阳虎，企图对他们一行人不利。诸多弟子都惊慌失措，唯独孔子毫无惧色，谈笑自若，后来证明是误会一场，众人安然无恙地离开匡地。

而后世称"智仁勇"为"三达德"，是出自《中庸》的"智仁勇三者，天下之达德也"。

历久弥新说名句

"知、仁、勇"现普遍写为"智、仁、勇"。梁启超曾以此为依据，认为教育应分为"智育、情育、意育"三部分。知育要教育人不惑，情育要教育人不忧，意育要教育人不惧，老师不但要教导学生此三者，也要自己先做到此三者。

在孔子之后，最常被称兼具"智仁勇"三达德的人，当是三国时代蜀汉名将关羽。关羽不只公认为具"智仁勇"，还兼有"忠义礼"三德，因此被尊称为"武圣"。

忠指关羽对汉室忠心不二；义指他对义兄刘备不离不弃；礼是指他保护两位嫂子，谨守礼法不逾矩。而智是指他用计水淹敌七军，大获全胜；仁是指关羽与未归顺刘备时的黄忠对战，黄忠马前失蹄，他并未乘人之危，反而叫黄忠换马再战；勇指他过五关斩六将，温酒斩华雄，单刀赴东吴设下的"鸿门宴"。

佛家所说的"戒定慧"与儒家"智仁勇"颇为相似，戒就是守法、守规矩，定就是灵台清净、意志坚定，慧就是能辨别是非善恶，差别在"戒定慧"较为被动，"智仁勇"较为主动积极。

佛家称"戒定慧"三位一体，《百喻经》有个比喻，说从前有个愚人，看见别人在造三层楼房，就对造楼的工人说："我不要第一层、第二层，就给我造一个第三层吧!"佛称他是个愚人，因为没有第一层、第二层，哪来的第三层?

"智仁勇"也应如"戒定慧"是三位一体，光有其中之一或之二，仍是不足的。

君子求诸己，小人求诸人

名句的诞生

子曰："君子求[1]诸[2]己，小人求诸人[3]。"

——卫灵公·二十

完全读懂名句

1. 求：有要求、期待、责成等意义。2. 诸：之于。3. 人：别人。

孔子说："君子要求的是自己，而小人要求的是别人。"

名句的故事

除了"君子求诸己，小人求诸人"之外，孔子在《卫灵公》篇中还曾提到："躬自厚，而薄责于人，则远怨矣!"《中庸》里记载，孔子曾说行仁的人有如在射箭，射箭者先端正自身，然后才发箭，若是不中，不会埋怨胜过自己的人，而是反求诸己，检讨自身的缺失。

宋朝理学家杨中立则将此句与前一章"君子疾没世而名不称焉"相结合，他说孔子担忧死后未能传下名声，因此重视"反求诸己"，而小人到处"沽名钓誉"，才会有求于人。

孔子的弟子曾参所说的"吾日三省吾身"，也与"君子求诸己，小人求诸人"旨意相近。汉代刘向的《说苑》提到，曾子听到孔子称赞颜回、史鳅时，深深觉得自己远不如他们，因为他听孔子讲了三句话，常常还做不到一句。他说孔子的长处在于见到别人一个优点，便忘记他的一百个缺点，而自己差之远矣，所以曾子努力反省，并"以人之长，较己之短"，希望可以追上同学颜回以及老师孔子。

历久弥新说名句

孔子曾多次阐述君子与小人的差别，而此章认为君子应努力发展自我，而非依存于外部的力量，也接近康德"自律"与"他律"的理论。有人将此段话解释为"严以律己，宽以待人"，或如今天刮胡刀广告中的台词，"要刮别人的胡子，先把自己的胡子刮干净"。

大禹儿子伯启的故事，是历史上流传下来"反求诸己"的典范。根据《吕氏春秋》的记载，大禹在位为皇帝时，诸侯有扈氏起兵叛变，大禹派儿子伯启去讨伐，两军在"甘"大战，伯启的部队被打得落花流水、兵败而逃。

伯启的幕僚劝伯启重新整顿军队，再度出兵还击，然而伯启却不同意，部将感到相当奇怪。伯启反问部将："有扈氏扰乱人民生活秩序，我才奉命来围剿他。然而，我所率领的部队如此精良，却还打不赢他们。这是为什么呢？"部将答不上来，伯启说："是吾德薄而教不善也。"他认为战败的原因在于自己还有待改进的地方，譬如没有以身作则带领将士，或是领导统驭的方式不如敌军。

从此，伯启与士兵共同作息，生活力求朴实，天还未亮，就起来操练。有扈氏看到伯启改变，不但不敢再进犯，反而带兵前来归顺。

历史上，知识分子都肯定孔子此章观点，但当代社会学与人类学学者费孝通在《乡土中国》中，却批评孔子仍以自我为中心，"孔子的道德系统里绝不肯离开差序格局的中心，'君子求诸己，小人求诸人'。因之，他不能像耶稣一样普爱天下，甚至而爱他的仇敌，还要为杀死他的人求上帝的饶赦——这些不是从自我中心出发的。"这是把社会宗教化。我们能期望人人成为君子，但不能期望每一个人成为耶稣、墨翟。

小不忍则乱大谋

名句的诞生

子曰："巧言[1]乱[2]德。小不忍则乱大谋[3]。"

——卫灵公·二十六

完全读懂名句

1. 巧言：花言巧语。2. 乱：败乱。3. 谋：计划。

花言巧语往往可以混淆道德判断。小事情不忍耐就会搅乱大的计划。

名句的故事

孔子认为要善于辨识他人说话的出发点和用意，不要被表面上好听的虚伪言词所迷惑。老子曾说："信言不美，美言不信。"（《道德经》八十一章）孔子在这点与老子看法相同，他也说：

"巧言令色，鲜矣仁！"（《学而·三》）孔子带着弟子周游列国时，在陈国被乱兵包围，没有东西可吃，弟子中许多人都饿出病来了，个性最急躁的子路首先发难，他质问孔子："有学问又有道德的人为什么还会遭到危难？"孔子回答他："君子固穷，小人穷斯滥矣。"（《卫灵公·一》）有道德有学问的人就算遭遇危难也能够固守本心，不会败坏道德。因此，"忍耐"不仅是成功立业的必要条件，还是个人修身养性一定要做的功课呢！

历久弥新说名句

俗话说："忍字心上一把刀。"在处世哲学里，一个忍字可以有以下几种境界：

一是忍受、含忍。苏轼在《留侯论》开宗明义说："古之所谓豪杰之士者，必有过人之节。人情有所不能忍者，匹夫见辱，拔剑而起，挺身而斗，此不足为勇也。天下有大勇者，卒然临之而不惊，无故加之而不怒，此其所挟持者甚大，而其志甚远也。"这段话是"小不忍则乱大谋"的最佳解释。古今中外能够成大功立大业的人一定都有过人之处，一般人容易为了"面子"问题，逞口舌之勇、一时之快，这并不是"勇"的真义。真正的勇应该是处变不惊、慎谋能断，且能以忍受、含受的方式珍爱自己。苏轼提到的留侯就是张良，相传张良就是因为能忍，承受圯上老人的刁难，而得到相赠的兵书，助汉高祖打下了天下。

二是忍苦、坚忍。所谓"吃得苦中苦，方为人上人"，越王勾践被吴王夫差打败之后，"身请为臣，妻为妾"、"卧薪尝胆"、"十年生聚，十年教训"，终于在有生之年得以复仇雪耻。这就是忍苦、坚忍。

三是忍痛割爱、果决。世界上没有十全十美的事情，许多时候必须快刀斩乱麻，痛下决心。三国时代，诸葛亮的爱将马谡因为刚愎自用，不听诸葛亮的叮咛，硬要在山顶扎营，结果被魏将张郃所败；使得诸葛亮所在的西城无兵可守，却要面对司马懿的大军，结果诸葛亮用空城计骗得司马懿不敢进攻，勉强保住了西城。诸葛亮回朝之后因此忍痛斩了爱将马谡，这就是国剧中有名的"失空斩"。不斩马谡，诸葛亮从此就无法号令部属。《易经·蒙卦·象传》说："山下出泉，蒙。君子以果行育德。"意思是，蒙卦的卦象如泉水出自地下，可大可小，其作用兼具有利于人以及害人的一面，去害就利，在于人的果决行动，因势利导，否则就会漫浸害人。因此敏于行，借由实践锻炼出果决的行动力是相当重要的。

西方有格言："容忍比自由还重要。"胡适也认为："容忍就是自由，没有容忍就没有自由。"在这层意义上，"忍"可以理解为自我控制，唯有小我的容忍宽容，才能成就大我更大的自由。

君子之过也，如日月之食焉

名句的诞生

子贡曰："君子之过[1]也，如日月之食[2]焉。过也，人皆见之；更[3]也，人皆仰[4]之。"

——子张·二十一

完全读懂名句

1. 过：过错。2. 食：同"蚀"。3. 更：改正。4. 仰：敬仰。

君子的过错，就好像日食或月食。当过错发生的时候，大家都看得见；但改过之后，人人都还是敬仰他。

名句的故事

孔子首创私学，据说他的学生有"贤人七十，弟子三千"，在《论语》里见到的孔子弟子有35人，《子张》这一篇就集中记载了孔门弟子子张、子夏、子游、曾子、子贡等人的一些言行。

子贡，复姓端木，名赐，一字子赣，在孔门四科里，子贡以言语见长。他在跟孔子求学之前，就曾经有从商经验，是一个成功的商人，《史记·货殖列传》云："子赣既学于仲尼，退而仕于卫，废著鬻财于曹、鲁之间，七十子之徒，赐最为饶益。"这是说子贡跟孔子求学，后来在卫国当官，又在曹国、鲁国之间买卖货物，孔子的 70 个有名的弟子里，就数子贡的经济状况最好。《论衡·知实篇》说他"善居积，意贵贱之期，数得其时，故货殖多，富比陶朱。"由这段话看得出来，子贡相当有商业头脑，他把货物囤积起来，而且总是能预测到货物价钱贵贱的时候，贱买贵卖，所以赚了很多钱，能够跟陶朱公相提并论。

此章是子贡说明君子有过错的情况，可以跟《子张·八》互相参看，其中子夏提到："小人之过也必文。"文是"文饰"的意思。君子平常光明磊落，有了过错就好像日食或月食那样，不会故意掩饰，所以众人都看得到，但是只要改过了，就好像日食或月食过后，又恢复光明与皎洁，众人依然崇敬、仰望。而小人一有了过错，一定赶紧想办法文过饰非，可能又要说谎来圆谎，因此德行就愈来愈差了。

历久弥新说名句

《左传·宣公二年》："人谁无过？过而能改，善莫大焉。"唐代刘禹锡说："贤能不能无过。"（《华佗论》）连贤人都不能没有过错，何况是一般人？而判断一个人是君子或小人，就看他面对过错的处理态度。君子之所以为君子，就在于当他犯错时，是不会遮掩矫饰的，因为既然有心要改，何必怕别人知道？孔子也说："丘也幸，苟有过，人必知之。"（《述而·三十》）孔子并不害怕别人知道他的过失，反而很庆幸有人提醒他问题所在，使他有改进的机会。

《三国演义》描写赤壁大战前夕，曹操志得意满地在连环战船上大排宴席，席间曹操先历数自己的功绩，然后高吟《短歌行》，文官武将无不齐声附和，突然曹操向博士祭酒师勖征询意见，师勖起先也只敢奉承一番，曹操却说："我向来是闻过则喜，你但说无妨。"于是师勖就直言曹操诗歌不合古韵的意见，曹操一怒大喝："汝安敢败吾兴！"便当场将师勖刺死，在场无不大惊失色，事后曹操却又以酒后失态为由假慈悲一番，这段故事可说是"小人之过也必文"的最佳写照。

春秋时期的齐景公是一个纵情声色的君主，所幸他有一位足智多谋的宰相——晏婴。有一次齐景公喝酒连喝了七天七夜，大臣弦章上谏说："大王，您已经连喝七天七夜了，请以国事为重，别再喝了，否则就请先赐死于我。"之后晏子来觐见齐景公，齐景公向他诉苦说："弦章劝我戒酒，要不然就赐死他。我如果听他的话，以后恐怕就失去饮酒的乐趣了；不听他的话，他又不想活，这该如何是好？"晏子听了便说："弦章遇到您这样宽厚的国君，真是幸运啊！如果遇到夏桀、殷纣王，不是早就没命了吗？"

由于晏婴这番机智的答话，以纵情声色而亡国的夏桀、商纣来警惕齐景公，齐景公果真戒酒了。

一般人若能有"闻过则喜"的虚心态度，又做得到"过而能改"，自然可以不断进步；若是只知"闻过则讳"或是"文过饰非"，将永远错失改进的机会，恐怕就连身边的益友也会逐渐远去。

乡原，德之贼也

——言语行为

巧言令色，鲜矣仁

名句的诞生

子曰："巧¹言令²色，鲜³矣仁！"

——学而·三

完全读懂名句

1. 巧：高妙灵活的意思。2. 令：美善的意思。3. 鲜：读作 xiǎn，"少"的意思。

话说得很动听，脸色装得很和善，可是一点也不诚恳。

名句的故事

"巧言"用现代话来说就是会吹、会盖，"令色"就是外表很虚伪。这种心口不一、只会舌灿莲花的人，为了一己利益，或逢迎拍马，或专给人戴高帽，也许会受到一般人欢迎，但却是孔子很讨厌的行为。在《公冶长·二十五》中，也记载着孔子提到："巧言、令色、足恭，左丘明耻之，丘亦耻之；匿怨而友其人，左丘明耻之，丘亦耻之。"左丘明相传是《左传》的作者，是孔子敬重的一位贤人。"足恭"指的是"过于恭敬"。话说得很动听、脸色装得很讨人喜欢、态度过于恭敬，隐藏内心对朋友的怨恨，外表还称兄道弟，这种只注重表面形式而心里却不知在打什么算盘的人，是孔子最不齿的。

历久弥新说名句

三国魏明帝时有个叫刘晔的大臣，当时魏明帝曹睿想进攻蜀汉，群臣都认为不可行。于是曹睿询问刘晔的意见，他就顺着曹睿的心意，说伐蜀可行，但私下又对其他人说不可行。

中领军杨暨也是曹睿的亲近大臣，他坚定反对伐蜀。刘晔每次遇到杨暨，都投其所好，大谈不可伐蜀的道理。有一次，杨暨又劝谏曹睿打消伐蜀的念头，曹睿一急，脱口而出说："卿不过是一名书生，哪懂带兵打仗的道理！"杨暨不服气，说："臣也许不行，但刘晔是先帝的谋臣，他也说不可伐蜀。"曹睿一愣，召来刘晔当场对质，但刘晔坚持不肯表态。

后来，刘晔单独去见曹睿说："伐国，大谋也，臣得与闻大谋，常恐眯梦漏泄以益臣罪，焉敢向人言之？夫兵，诡道也，军事未发，不厌其密也。陛下显然露之，臣恐敌国已闻之矣。"刘晔解释是担心军情泄漏才不说出自己的心意，曹睿听说如此，赶忙向刘晔道谢。

刘晔又跟杨暨说："夫钓者中大鱼，则纵而随之，须可制而后牵，则无不得也。人主之威，岂徒大鱼而已！子诚直臣，然计不足采，不可不精思也。"刘晔跟杨暨说的是"放长线钓大鱼"的道理，责备杨暨虽然正直却没有谋略，这番话也说得杨暨频频点头。

然而，尽管刘晔"巧言令色"至此，但还是有讨厌他的人向曹睿报告："刘晔不忠，每次都揣摩陛下的心意而曲意迎合。陛下如果故意透露与自己心意相反的讯息给他，他回答的与陛下不同，才表示他与陛下的想法一致。否则他就是趋合上意。"曹睿就这样试了一下，刘晔果然露出马脚，从此曹睿就疏远了刘晔。裴松之在《三国志·刘晔传》便注说："谚曰：'巧诈不如拙诚'，信矣！"

英文谚语不也有"Those who seek to please everybody, please nobody"，想要讨好所有的人，最后是谁也没讨好。《红楼梦》里王熙凤能言善道、长袖善舞，但最后还是落了个"机关算尽太聪明，反误了卿卿性命"的下场。所以为人处世还是"宁拙勿巧，宁朴勿华"来得实在些。

人而无信，不知其可也

名句的诞生

　　子曰："人而无信，不知其可也。大车[1] 无輗[2]，小车[3] 无軏[4]，其何以行之哉？"

——为政·二十二

完全读懂名句

　　1. 大车：在古代指的是牛车，专载笨重的货物。2. 輗：读作 ní，古时车从车厢下伸到车前的长木称为辕，一横木缚辕端，古称衡；輗则是联结辕与衡之小榫头，为木制外裹铁皮，使辕与衡可以灵活转动，不滞固。3. 小车：在古代则是轻车，指驾驭四马的马车，古时田车、猎车、战车与平常乘车，皆为轻车。4. 軏：读作 yuè，轻车在车前中央有一辕，辕头曲向上，与横木凿孔相对，軏就贯穿其中。

　　孔子说："一个人如果不讲信用，真不知道他如何与人交往、

立身处世。就像大车没有连接横木的輗，小车没有连接横木的
軏，要车子怎样行走前进呢?"

名句的故事

孔子会有"人而无信，不知其可也"之叹，应该是周游列
国，被诸国国君开了许多"空头支票"。他们在接见孔子时，想
必都"信誓旦旦"会采纳建言，实际上却是说一套、做一套。孔
子在《颜渊·七》中曾说过："自古皆有死，民无信不立。"讨论
的就是没有诚信，不足以治国。

近代学者蒋伯潜区分"信"有两层意义："说话必须真实；
说了话必须能践言。"孔子所说的"信"，正是兼具这两义。

孔子的弟子曾子为子杀小猪的故事，千古引为诚信佳话，史
称"曾子杀彘"。有一天，曾子的妻子准备到市场赶集，可是孩
子在一旁哭闹着要跟去，于是哄骗他乖乖待在家，回来会杀猪给
他吃。等到她回家后，看到曾子真的准备杀猪，便对他说不过哄
骗小孩而已，何必当真，曾子说："现在你哄骗他，就是教孩子
骗人啊!"于是曾子真说到做到地把猪给杀了。

历久弥新说名句

东汉许慎在《说文解字》中如此解释："信，诚也。从人从
言，会意。"也就是说，当初造字时以"人言"为信，表示人言

即可信，人从口中说出的言语便是承诺，与孔子的理想并无二致。

而关于"信用"，"季札挂剑"、"徙木立信"都是春秋时代诚信的代表。

"季札挂剑"的故事叙述，吴国人季札到北方拜见徐国君主，徐君很喜欢他的剑。由于季札必须继续出使其他国家，因此未能送给徐君，但内心已决定赠剑。等所有出使完毕后，他再次经过徐国，不料徐君已死。季札不违背内心所做的承诺，把剑挂在徐君坟前，然后离去。

"徙木立信"说的是商鞅变法的故事。商鞅受秦孝公重用，实行两次变法，但变法之初，人民并不相信政府，因此他想出"徙木立信"的策略。商鞅把一根三丈高的木头竖立在秦国都城南门前，然后张贴公告，"如果有人能把这根木头搬到北门，就赏十金"，然而却没有人去尝试。商鞅又下令把奖赏加至五十金，于是真有人把木头从南门搬到北门去，商鞅"履行诺言"把五十金赏给此人。由此，老百姓知道商鞅说到做到，之后都不敢怀疑他所颁布的新法令，商鞅变法也得以顺利推行。

朽木不可雕也

名句的诞生

宰予[1] 昼寝[2]。子曰："朽木不可雕也[3]，粪土之墙不可杇也[4]。于予与何诛[5]！"子曰："始[6] 吾于人也，听其言而信其行；今吾于人也，听其言而观其行。于予与改是[7]。"

——公冶长·十

完全读懂名句

1. 宰予：孔子弟子，姓宰，名予，字子我，又称宰我。
2. 昼寝：白天就在睡觉。3. 朽木不可雕也：腐烂的木头，不能再加以雕刻。4. 粪土之墙不可杇也：粪土，秽土。杇，饰墙的泥刀。意思为秽土之墙不可再加以粉饰。5. 诛：责难。6. 始：原本，起先。7. 是：指上文"听其言而信其行"。

宰予白天睡觉，孔子说："烂木头不能再雕刻，肮脏的土墙不能再粉饰。我对宰予，还能责备些什么呢！"孔子又说："以前我对人，总是听了他说的话，就相信他的行为。现在我对人，听了他的话，还得再看看他的行为。我是因为宰予才改变我的态度。"

名句的故事

古代对于"昼寝"责备甚多，以孔子这段话最具代表性，其他例如《韩诗外传》中有："卫灵公昼寝而起，志气益衰。"宋玉《高唐赋》也提到楚王："昼寝于高唐之台。"

古代照明设备不佳，所以特别珍惜白天的光阴，因此认为"昼寝"是不可饶恕的事。卫灵公有美艳风流著称的老婆南子，还宠信美男子弥子瑕（两人有"分桃"的故事），大白天睡觉，精神不佳；而楚王"昼寝于高唐之台"，做的是与巫山神女"共赴云雨"的春梦。

此章是《论语》中具争议的章句。历来有学者认为"昼寝"是"画寝"之误，而此章只见于《齐论》而不见于《鲁论》，现通行的《张侯论》以《鲁论》为主，也兼采《齐论》的篇章，并将此章收录于内。宰我后来在齐国做官，因为排挤权臣田氏，被田氏所杀，田氏自立为齐国君主，而宰予在齐国恐怕已被污名化，此篇文句可能遭到扭曲。

历久弥新说名句

孔子这番话，让后世两千多年读书人都不敢白天睡觉，例如以儒家正宗自居的曾国藩，虽然时常夜战太平天国的军队，白天实在想休息，但是"朽木不可雕也，粪土之墙不可杇也"的罪名太重，所以偶尔忍不住要睡觉，也是拿着一本书，装做读书地趴在桌上睡。后来，他想了个变通的办法，就是"睡晚觉"，在晚饭之前睡一下，不敢违背圣人教训。

有人认为"昼寝"是"画寝"的误笔，否则岂不生病也不能卧床。首先提出这一论点的是梁武帝，而梁启超也如此说，宰予非常调皮，常常在寝室里"画"壁画，可说相当幼稚，因此孔子才骂他。此外，南怀瑾先生认为宰予身体不好，所以才常常白天睡觉，这句话反而是孔子体谅他的话，认为"朽木"、"粪土之墙"都是指宰予体弱多病，不需要再强求他了。

依当代医学的看法，睡午觉可说是好处多多。哈佛大学心理学研究中心指出，午睡一个小时，下午的清醒度是早晨的九成，而爱睡午觉者也常以"午睡一小时，可抵夜睡两小时"的口号，努力推广午睡的习惯。

暴虎冯河，死而无悔者，吾不与也

名句的诞生

　　子谓颜渊曰："用¹之则行，舍之则藏²，唯我与尔有是夫！"子路曰："子行三军，则谁与？"子曰："暴虎冯河³，死而无悔者，吾不与也。必也临事而惧，好谋而成者也。"

——述而·十

完全读懂名句

　　1. 用：任用。2. 藏：藏身，这里有隐居藏身修道之意。3. 暴虎冯河：空拳打虎，徒步涉水，有勇无谋之意。暴，搏斗。冯，又作"凭"，音 píng。

　　孔子对颜渊说："有人任用，就尽其所能，行道于天下；无人任用，就藏身修道，能做到的就只有我和你而已啊！"子路说："您如果率领三军，谁跟您去？"孔子说："赤手空拳打虎，不乘船却徒步涉水的人，我是不会跟他同行的。一定要找遇事能谨慎小心处理，事前详细谋划，有成功把握的人一起前往。"

名句的故事

　　从这段语录中，可以看到子路鲁莽的个性，他一听到孔子赞美颜渊，心想这种修身养性的稳健性格绝不是他的长处，但他的勇气十足。于是子路就问，孔子当三军统领会带谁一起作战，以为能借此机会突显自己骁勇善战的一面。哪想到，孔子教训了他一番，并表示不愿与一个有勇无谋的人一起上战场！

　　《史记·仲尼弟子列传》中提到，子路在卫国从政，内战时遇难。死前，子路冠上的缨带被砍断，却谨记"君子死而冠不免"的礼仪，把缨带系好后从容就义。就在孔子得知卫国战乱时，便说："嗟乎！由死矣！"果然子路殉难，孔子伤感说道："自吾得由，恶言不闻于耳。"表示自从子路成为孔子的学生后，找孔子麻烦的人愈来愈少，因为子路一向就是冲锋陷阵的鲁莽个性，遇到有人对老师不敬，一定是挺身辩护。师生之情，溢于言表。

历久弥新说名句

　　西楚霸王项羽在司马迁心中，虽然是快速窜起，称霸一方，但有勇无谋，恣意独行，最后是众叛亲离。司马迁评断项羽，认为他是只讲蛮力不尚智谋的霸王而已，所以在《项羽本纪赞》中，批评他："自矜功伐，奋其私智，而不师古，谓霸王之业，欲以力征。"

既然有"暴虎冯河"之士，当然也有智勇双全的英雄。看看大文豪歌德如何赞许拿破仑的军事天才："拿破仑是古来最富生产力的人，非常的伟业所借以升起的那种神奇的光明，往往是青春与生产力相互结合的成果。"（《歌德对话录》）这个被誉为"由花岗岩打造成的人"，拿破仑的天才伟业，不仅因为他将身体锻炼如岩石般，能在酷热或者雪地中少食少睡，体能耐力一流，还因为他时时保持着清楚镇定的决策能力，并贯彻执行。拿破仑的英雄本色，流露于他临死前的名言："我将毫无惧色地走向上帝的审判椅。"

德国近代作家海涅希·曼（Heinrich Mann）说，他喜欢读拿破仑动荡传奇的一生："我喜欢阅读这部回忆录，因为它囊括着全部，世界与精神的全部尽在其中……我将它视为精神的基督受难曲，如同别人阅读着新约全书。"英雄足矣！辉煌的天才功业与其精神，如此常驻世间。

子不语：怪、力、乱、神

名句的诞生

子不语[1]：怪[2]、力、乱、神[3]。

——述而·二十

完全读懂名句

1. 不语：不谈论，不肯定也不否定。2. 怪：反常的事。
3. 神：神异之事，与迷信有关的事物。

孔子不讨论有关于反常的、逞勇斗狠的、悖乱的、神异的
事情。

名句的故事

三国时代魏国著名的儒者王肃解释孔子为何不语怪力乱神，
他说怪指的是怪异难得发生的事，力指的就像大力士举起千金之

重，乱一如子杀父、父杀子，神指的是鬼神的传说，对于教化民众无益。

虽然孔子自己不讲怪、力、乱、神，但是在他人述及孔子的生平故事中，却仍少不了这些色彩，晋朝王嘉的《拾遗记》提到，孔子在出生前，有一头麒麟来到他家院子，口吐玉书，说他是"王侯之种"，但却"生不逢时"，这就是所谓"麟吐玉书"的传说，孔子也被认为是"麒麟子"。

《公羊传》里记载，孔子老年时听到有人猎获一只怪兽，以为是麒麟，便认为自己的寿元将尽（"吾道穷矣"），《春秋》一书就写不下去，不久便过世了。

根据《史记》，孔子也曾用卜卦的方式来化解疑难与困惑。由此可知，孔子并不否定怪、力、乱、神的存在，只因与教化民众、导正世风无益，所以不讲。

历久弥新说名句

此章引发后世不少议论，争辩孔子是否为"无神论者"，或为"实用的理性主义者"。不过，孔子不语怪力乱神在春秋时代却是创举，因为唯独把人们的心力从鬼神转向人道，才能开展文化与教育。

子不语怪力乱神，而清代的才子袁枚却是反其道而行，他将自己所听到的神鬼、妖怪、狐仙，甚至奇人奇事，通通整理成册，并特意将书名取为《子不语》（又名《新齐谐》），表示所记所载皆为怪、力、乱、神之事，共有七百篇。

袁枚的说法堪称一绝，他说虽然"怪力乱神，子所不语也"，但是古代圣人的生平却有很多此类传说，此外左丘明的《左传》就充满了怪力乱神，而且还写得特别详细。

关于怪力乱神的故事，袁枚在《子不语》的序中写道："余生平寡嗜好，凡饮酒、度曲、樗蒱，可以接群居之权者，一无能焉；文史外无以自娱，乃广采游心骇耳之事，妄言妄听，记而存之，非有所惑也；譬如嗜味者，餍八珍矣，而不广尝夫蚳醢葵菹，则脾困。"

他的意思是怪力乱神的故事就像是很特别的食物，经史子集虽然是营养丰富的正餐，但天天吃也会腻，偶尔也要尝点不一样的东西，因此偶尔读一读吓人的传说，当成自己的休闲娱乐，他姑妄言之，读者就姑妄听之了。

他还举了唐代的颜真卿、李泌为例，他们两人"功在社稷"但好谈鬼怪，而韩愈以传圣人之道自许，但也喜欢"无稽之谈"。袁枚自称，虽然无法像这些人般建功立业，但可以跟他们有一样的嗜好，绝对不会妨碍正事的。

人之将死，其言也善

名句的诞生

曾子[1] 有疾，孟敬子[2] 问之。曾子言曰："鸟之将死，其鸣也哀；人之将死，其言也善。君子所贵[3] 乎道者三：动[4] 容貌，斯远暴慢[5] 矣；正颜色，斯近信矣；出辞气，斯远鄙倍[6] 矣；笾豆[7] 之事，则有司[8] 存。"

——泰伯·四

完全读懂名句

1. 曾子：名参，字子舆，孔子弟子，以孝著称，后世尊为"宗圣"。2. 孟敬子：鲁大夫仲孙捷。3. 贵：注重、重视。4. 动：有所作为、开始做。5. 暴慢：放肆粗暴。6. 倍：与"背"同，谓背理也。7. 笾豆：古代祭祀时，用来盛祭祀品的竹器和高脚木器。8. 有司：管事的人。

曾子生病快死了，鲁国大家族孟敬子去探问他。曾子说：

"鸟快死时，鸣叫的声音发自内心，让人感到悲哀；人将死时说的话是善良的。君子为人处世看重三个道理：第一是容貌举止合乎礼节，就可以远离他人的粗暴傲慢；第二是面容表情端庄，容易获得别人的信赖；第三是言词语气表达得体，便能避免鄙陋不合理的事。而其他一般祭祀礼节与器用的事情，有专门负责的人依据一定的程序进行，不需要太操心。"

名句的故事

孟敬子是鲁国大夫仲孙捷，曾参卧病在床时，他前去探望。曾子的病情有多严重呢？根据《礼记·檀弓》记载，当时曾子的弟子、儿子、孙子，都围在床边，随侍在侧。曾子看孟敬子前来探问，便主动献言，他先提醒说："鸟之将死，其鸣也哀；人之将死，其言也善。"意思是说，鸟因为恐惧死亡，发出的叫声凄厉而悲哀；人因为到了生命的尽头，回到自己生命的本质，所以说出来的话是善良的。曾子这番话十分慎重，肯定希望孟敬子能把他的话听进去。

为什么曾子需要这样提醒孟敬子呢？《礼记·檀弓》有一则小故事，可帮助我们认识孟敬子这个人。当时鲁国三家大夫，就是季孙氏、叔孙氏、仲孙氏的权势直逼鲁国君王。当在位的鲁悼公过世时，季孙家的季昭子便问仲孙家的孟敬子，这个时候应该要吃什么。孟敬子便回答，天下人都知道这时候应该要吃粥，不过天下人也知道我们这三家大夫是跟君王相抗衡的，如果要勉强这样做，我是办得到的，可是这会让人怀疑我们的诚意，所以干脆还是继续吃我们想要吃的。这显然是孟敬子的强辩之词，同时也凸显了他的无礼。

所以，曾子奉劝孟敬子君子重视的三件事情：容貌、颜色、辞气。这是曾子用迂回的方式训诫孟敬子。在接近人生尽头的这一刻，曾子真心诚意地告诫更值得后人用心体会。

历久弥新说名句

《礼记·檀弓》中还有一则故事，可以了解曾子重礼的程度。曾子过世前家人围在病床边，而当中突然有人发现，曾子躺在大夫用的竹席上面，这被病情严重的曾子听到了，他坚持一定要换掉这个由季孙氏赠送的竹席，因为他希望自己能够合乎礼而死。大家只好顺从曾子的意思，把他扶起来，更换竹席。遗憾的是，竹席换好后，曾子还没躺好就过世。

此外，《礼记》也记载："曾子之丧，浴于爨室。""爨室"就是厨房，意即曾子的遗体是在厨房梳洗的。照道理遗体的处理应该要在房间，这对于重礼的曾子来说，应是相当不合适的。

《三国演义》第八十五回描述到，刘备在过世之前曾对诸葛亮说："朕不读书，粗知大略。圣人云：鸟之将死，其鸣也哀；人之将死，其言也善。朕本待与卿等同灭曹贼，共扶汉室；不幸中道而别。烦丞相将诏付与太子禅，令勿以为常言。凡事更望丞相教之！"刘备最后托孤于诸葛亮，从其话中也看得出来，刘备很清楚自己的儿子是无法承继大业的，因此临终时引用圣人之言："鸟之将死，其鸣也哀；人之将死，其言也善。"便是一心希望诸葛亮能凡事多担待。诸葛孔明当然是听得懂，所以他回答："臣等尽施犬马之劳，以报陛下知遇之恩也。"这样真切的君臣之交，传为千古佳话。

仁者，其言也切

名句的诞生

司马牛[1]问仁。子曰："仁者，其言也切[2]。"曰："其言也切，斯谓之仁已乎？"子曰："为[3]之难，言之得无[4]切乎？"

——颜渊·三

完全读懂名句

1. 司马牛：孔子弟子，姓司马，名犁，字子牛。2. 切：忍也；言切，忍而不言，引申为说话谨慎。3. 为：实践。4. 得无：能不、莫非。

司马牛问如何做才是实践仁德。孔子说："有仁德的人，说话时会有所忍耐，谨慎小心。"司马牛又问："说话时有所忍耐，谨慎小心，这样就算实践仁德了吗？"孔子说："做的时候都很困难了，说的时候又怎能不慎重，有所忍耐呢？"

名句的故事

孔子的学生司马牛，被史料形容为多言、个性急躁，他也是孔门里有名的性情中人，有所谓"司马牛之叹"。他曾经号啕大哭道："别人都有兄弟，唯独我没有！"其实，他并非真的没有兄长，只是夸张地表达自己的苦楚，虽有兄长却如同没有一般。

他的哥哥是宋国的司马桓魋，桓魋企图谋害宋景公，于是身为弟弟的司马牛非常忧虑桓魋的谋反如果成功，那便是弑君篡位。但同时又担心，如果谋反失败，就会招来灭族之祸。因此，他陷入两难之境，忧心忡忡，不知如何是好。

一日，司马牛去见孔老师，并向他请教儒家思想的重点概念"仁"。以因材施教著称的孔子，便对多言、急躁的司马牛说："仁者说话会非常慎重。"司马牛可能觉得"仁"怎么可能这么平凡无奇，忍不住又问："说话慎重，就叫做仁了吗？"孔子进一步解释说："付诸行动是很不容易的，因此说话的时候能不更加小心慎重吗？"

之后，桓魋谋反行动失败了，逃至卫，司马牛知道了就马上离开卫，前往齐。后来桓魋又到齐国，司马牛又立刻离开齐，跑到吴。因为他曾发誓从此不和他哥哥侍奉相同的君主。

历久弥新说名句

常言道:"是非只为多开口,烦恼皆因巧弄唇。"又有:"话多不如话少,话少不如话好。"东晋名臣谢安似乎也是"言讱"一派的信徒。

话说某日,大书法家王羲之的三个儿子一同去拜访谢安,老大王徽之、老二王凝之两人高谈阔论,但内容也不过是一些市井俗事,只有老三王献之沉默不语,只偶尔插上几句。兄弟三人走后,座中其他客人问兄弟三人哪位较为优秀,谢安就答道:"最小的胜出。"客人问:"为什么呢?"谢安于是回答:"吉人之辞寡,躁人之辞多,推此知之。"(《世说新语·品藻第九》)意思就是:"好人的话少,急躁的人话多,由此可知一斑。"

谢安偏好以言来观人,而同样是大才子的苏东坡则喜欢以言辞来开玩笑;换言之,正好属于"言讱"一派的反例。他"言不讱"的故事可不少,其中几则与同为宋朝名臣的王安石有关。王安石自创了一本《字说》,认为从每个字的笔画结构中,都能分析出构字的本意。

一日,苏东坡拿了"坡"字问他:"这个字如何表示它的意义呢?"王安石回答:"坡是土的皮呀!"苏东坡又问他:"那么,'滑'字是水的骨头啰!"王安石一时无法自圆其说,只好默不吭声。苏东坡还曾问道:"拿竹去打马,就叫做'笃',不知道拿竹去打犬,是否也有一字呢?"王安石又茫然语塞。

又一日，苏东坡拿了"鸠"字去找王安石："按照《字说》的理论，这'鸠'字从九鸟，是有证据的。"王安石听了很兴奋："什么证据?"苏东坡开口说道："《诗经》上不是有'鸣鸠在桑，其子七兮'，儿子有七只，连爹带娘，加起来正好九只，就成了'鸠'字嘛!"王安石先是认真地点头称是，后来才恍悟苏东坡在取笑他，因此觉得苏东坡太轻浮，后来将他贬为湖州刺史。看来"言不切"还得要有一番才华，然而连大文豪苏东坡都难逃"言不切"的后果，又何况凡夫俗子呢!

狂者进取，狷者有所不为也

名句的诞生

　　子曰："不得中行¹而与之²，必也狂狷³乎！狂者进取，狷者有所不为也。"

——子路·二十一

完全读懂名句

　　1. 中行：进退有节，言行合乎中庸。2. 与之：与之同处的意思。3. 狂狷：狂，指志大言大，而非真正的狂妄；狷，指性情正直，不肯同流合污。

　　孔子说："找不到言行合乎中庸的人与他在一起，那么就找狂狷的人吧！狂者虽然好高骛远，但奋发向上、有进取心；狷者虽然拘谨，但洁身自好，有所不为。"

名句的故事

孟子解释孔子这段话，认为中行者优于狂者，狂者又优于狷者。当代学者钱穆则反对狂者、狷者不如中行者，认为三者是圣人的不同类型，甚至可集于一人，他认为商朝的宰相伊尹、让国给弟弟叔齐的伯夷，都是所谓圣人中的狂者，故狂狷非过与不及，中行也非在狂狷之间。他解释，这段话可能是夫子自况，因为孔子虽自认为中行者，但是在其他人的眼中，却可能是不折不扣的狂者或狷者，例如孔子进取于德业，但是面对名利却有所不为。

《微子》篇有个楚狂，便是狂者的代表，他说孔子自身难保，却还在为理想奔走。李白《庐山谣寄卢侍御虚舟》一诗的头两句便是："我本楚狂人，凤歌笑孔丘。"在《宪问》篇中则出现了晨门，说孔子"知其不可为而为之"，他可以说是狷者的代表。

汉武帝时代有一位主父偃，是历史上有名的狂士，他曾说出豪语："生不五鼎食，死即五鼎烹。"即大丈夫如果不能豪迈地用五个鼎盛菜，那么还不如跳进五个鼎中被煮成食物。董仲舒可说是与主父偃完全相反的知识分子，他早年用功读书时可以"三年不窥园"，用功到三年没看自家的田园。

历久弥新说名句

第二次世界大战后，生活普遍清苦，当时朱自清虽是教授，但每月薪资只能买三袋面粉，而面粉多半来自美援。当时美国扶植日本工业，使中国人感到不平，美国官员却认为中国大学生都靠美国施舍才能上学，为何要反对美国政策？为了维护民族尊严，朱自清宁可饿肚子也不吃美国面粉。去世之前，他还写信给妻子说："我是在拒绝美援面粉的宣言上签了名的，我们家今后不买配给的美国面粉。"朱自清因此有"文坛第一狷者"的称号。

此外，学贯中西的林语堂将他位于台北阳明山家中的书房，命名为"有不为斋"，便是从孔子这段话而来。林语堂说，会取此斋名也受到康有为的影响，康有为既然"有为"，必定"有不为"，正符合孟子的"唯有所不为然后可以有所为"的精神，也有道家"我无能为"、"我无所为"、"我乃无能为者"的意味。

狂者并非任意妄行，更非空口说大话而已，必须敢作敢为；狷者不是什么事都不做，更非隐忍放任不义的事情发生。如果理解有所偏差，便会变成鲁迅著名小说《狂人日记》和《阿Q正传》中的狂人与阿Q。《狂人日记》透过一个有"被迫妄想症"患者的行为举止与他眼中看到的疯狂世界，指控封建社会的"礼教吃人"，隐喻伪君子的狰狞面目。《阿Q正传》的主角阿Q追求"精神胜利法"，投机取巧、吃软怕硬、贪小失大、麻木不仁。狂人与阿Q成了中国文化两大病态性格的典型人物。

邦无道，危行言孙

名句的诞生

子曰："邦有道¹，危²言危行；邦无道，危行言孙³。"

——宪问·四

完全读懂名句

1. 道：方法，这里指政治清明。2. 危：正直。3. 孙：音 xùn，谦卑。

孔子说："当国家政治清明的时候，说话要正直不阿，做事要端正；当国家政治黑暗时，做事依然要端正，说话却要谦卑、谨慎。"

名句的故事

春秋时代卫灵公无道，卫灵公的夫人从宋国嫁给卫灵公之后，却先后与宋国的公子朝、卫灵公的宠臣弥子瑕，做出"不守妇道"的事情。卫灵公不但无法阻止，还发生宁可重用宠臣弥子瑕却不用正直忠臣蘧伯玉的事。当时卫国的大夫史鱼已经重病在身，无计可施，决定以尸谏君。史鱼临终前告诉儿子，将他的尸体放在窗户下的床上，不要放在大厅，并要求卫灵公来看他，以完成他的心愿。

君王向臣子吊唁本来就不合礼，卫灵公却以为这必定有特别的意义，所以前往。当卫灵公看到史鱼躺在床上，并未入殓，觉得奇怪，就问他的儿子怎么一回事。史鱼的儿子告诉卫灵公，史鱼临终前交代，只要卫灵公重新任用蘧伯玉，就可以入殓。卫灵公终于被感动，重新任用蘧伯玉，罢退弥子瑕。

孔子后来便称赞史鱼与蘧伯玉，他说："直哉，史鱼！邦有道，如矢，邦无道，如矢。君子哉，蘧伯玉！邦有道则仕，邦无道则可卷而怀之。"（《卫灵公·六》）意思是说："好一个正直的史鱼！政治清明时他像箭一样直，政治黑暗时他还是像箭一样直。好一个君子蘧伯玉！政治清明时他做官，政治黑暗时他便隐退。"这段话与名句"邦有道，危言危行；邦无道，危行言孙"可以说是互相呼应的。

历久弥新说名句

三国时代，曹操因为任用了杜畿为河东太守，使得定天下的大计几乎完成了一半，杜畿的儿子杜恕承其父职，对于曹魏的辅政得失，向来也是直言不讳。他在一次上疏中便提到："当官不挠贵势，执平不阿所私，危言危行以处朝廷者，自明主所察也。"
（《三国志·杜畿传》）这句话的意思是说，做官的人不可以屈服
在权贵或私欲之下，立足于朝廷要能说话端正、做事端正，这是
圣明的君主可以观察到的。当然如果只是力求"容身保位"，保
住自己做官的饭碗，圣明的君主也是会发现的。

然而，并非每个政治清明的世代都适合采用"危言危行"的
标准，例如，历史上便曾出现过"文字狱"的白色恐怖。士大夫
往往因为只字词组惨遭杀戮之祸，甚至是株连九族，清朝文字冤
狱泛滥的情况又为历代少见。例如吕留良案，吕留良本人是康熙
时期人士，但是该案却延续到乾隆王朝，吕留良最后甚至被戮
尸。在这种政治环境的气氛下，"危言危行"得小心犯了皇帝的
大忌，倒是清朝文人因应"危行言孙"的必要性，将讲求实证精
神的"考据学"，发挥得淋漓尽致。

知其不可而为之

名句的诞生

子路宿于石门[1]。晨门[2]曰："奚自[3]?"曰："自孔氏。"曰："是知其不可而为之者与?"

——宪问·四十一

完全读懂名句

1. 石门：曲阜城一共有十二个城门，其南第二门称为石门，为外城门。2. 晨门：主守门，为晨夜开闭城门的人。3. 奚自：从哪里来。

子路在石门过了一夜。第二天清早入城，守门的人问："你从哪里来的?"子路说："从孔家来的。"守门者说："就是那位明知道行不通还一定要去做的人吗?"

名句的故事

朱熹认为这位守门的人应是隐居在城门附近的贤者。宋朝的胡寅为孔子辩解，虽然晨门认为世事不可为，并讥笑孔子，然而以圣人的眼光来看天下，没有完全不可为的时候。

当代国学大师钱穆说明此章中子路遇到晨门时，是孔子与诸弟子周游列国，孔子派遣子路回鲁国探视妻儿的情形。当子路到鲁国城门外，天色已黑，因此城门关了起来，于是他投宿在附近。等到隔天一大早要入城，开门的晨门惊讶子路如此之早，所以才会问子路从哪里来的，于是子路回答自己是孔子的弟子。

当时，孔子的名号在鲁国人尽皆知，而晨门说孔子"知其不可而为之者"，应指孔子周游列国，想说服诸侯施行仁道一事，如果孔子回到鲁国教学修书，晨门就不会如此说了。

历久弥新说名句

根据当代新儒家学者冯友兰的说法，此章强调做应该做的事情，纯粹是因为在道德上是对的，而不去计算自己的投资报酬率。

在成都祭祀诸葛亮的武乡侯祠上便有此一联："其自任以天下之重如此，是知其不可而为之者与。"便是褒扬诸葛亮将天下的重任揽在身上，乃是知其不可而为之。

　　知其不可而为之，未必注定失败；而成功的个案，近年来最令人印象深刻的，当属 2004 年的美国职棒总冠军波士顿红袜队。

　　背负着 86 年没拿过总冠军纪录的波士顿红袜队，在美国联盟冠军赛时遇到了天敌纽约洋基队，纽约洋基队在七战四胜制中先声夺人，拿下了前三场的胜利，根据过去的历史，没有一支球队能在如此绝对劣势下反败为胜，许多球评视其为"不可能的任务"。

　　谈起红袜队的悲情史，曾任耶鲁大学校长、已故的大联盟会长吉亚玛提就曾一语道尽："棒球让你伤心，它的设计就是让你伤心。"因为太久没有拿过总冠军，红袜队球迷总以"有风格的输者"（Stylish Loser）来形容自己。不过，波士顿人从来没有放弃过红袜队，对它的支持可说"生死以之，永矢不离"。

　　就这样，波士顿红袜队没有人放弃希望，在随后的四场比赛中步步为营、奋起直追，打败洋基队取得美国冠军，之后更以秋风扫落叶之姿击退国联冠军圣路易红雀队，夺得睽违将近一世纪的冠军金杯。"我们知道许多超过九十岁的球迷都希望在蒙主恩召前，再看着红袜赢一次世界大赛冠军。而今，我们做到了！"红袜老板维纳在赛后激动地说。

　　"知其不可而为之"不可解释为不看时机莽撞而行，这句话不是预设失败，而是不害怕失败，虽与"愚公移山"、"精卫填海"精神相似，但它更散发着不畏强逆的节操。

言不及义，好行小慧，难矣哉

名句的诞生

子曰："群居终日，言不及义[1]，好行小慧[2]，难[3]矣哉！"

——卫灵公·十六

完全读懂名句

1. 义：道义。2. 小慧：私智。3. 难：很难走上正道。

孔子说："一群人整天聚集在一起，讲的都是些无聊话，又喜欢卖弄小聪明，实在很难走上人生的正道。"

名句的故事

孔子除了曾对"群居终日，言不及义，好行小慧"者流，说过"难矣哉"外，在《阳货·二十二》里，也对"饱食终日，无所用心"的人，有同样的评语，认为他们将一事无成。

东汉儒者郑玄认为"小慧"是指小才小智，终究无法成就些什么，而朱熹解释"小慧"是基于私心的智能，言不及义者必定充满放辟邪侈的念头，只要有机会便会存着侥幸心理去冒险，最后难免造成祸害。

有人认为孔子发言的对象是学生，因为尽管孔子是有教无类，但毕竟还是有学生不受教，其中以"群居终日，言不及义，好行小慧"与"饱食终日，无所用心"两种人，最让孔子感到无能为力。

孔子这两段，得到明末清初学者顾炎武的共鸣，他在《日知录·南北学者之病》中写道："饱食终日，无所用心，难矣哉，今日北方之学者是也。群居终日，言不及义，好行小慧，难矣哉，今日南方之学者是也。"

他认为明末南北学者因为受到了王阳明学说末流的恶劣影响，"束书不观，游谈无根"，读书人不真正看书只会整天聚在一起聊天吃饭，才使得明朝覆亡，因此他提倡"经世致用之学"，希望可以"挽狂澜于既倒"。

历久弥新说名句

孔子所感叹的情形，今日依然没有太大改变，尤其是八卦当道的现下，聊天、吃饭、喝酒，讲讲办公室、政治、演艺界与朋友圈的八卦，或是说说卖弄小聪明的冷笑话，依然是"群居终日，言不及义，好行小慧"与"饱食终日，无所用心"。

接近孔子所说"言不及义"的成语有"谈玄清议"，其所谈"与国计民生无关"。而西晋为何亡国，一般皆认为是亡于知识分子的"清谈误国"，史学家陈寅恪的说法最具代表性，"清谈之士若崇尚自然而不仕便罢，很不幸他们又出高仕且崇尚虚无，口谈玄远，不屑综理世务之故，否则林泉隐逸清谈玄理，乃其分内应有之事，纵无益于国计民生，亦必不致使神州陆沉百年丘墟也。"清谈之士如果只是崇尚自然不当官也就罢了，否则再怎么谈也不会影响国计民生，但他们却还是一个个都当大官，国家怎能不衰败呢？

然而，有人以为孔子在生活上采取"道德严格主义"，必须时时刻刻进德修业，连闲扯淡都不可以，似乎不近人情。其实，孔子这两段话并没有禁止聊天或休闲，而是不要"终日"就好。

君子不以言举人，不以人废言

名句的诞生

子曰："君子不以言举人[1]，不以人废言[2]。"

——卫灵公·二十二

完全读懂名句

1. 举人：推举、举荐一个人。2. 废言：轻视某人说的话。

孔子说："君子不会因为一个人说的话好，便举荐他，也不会因为一个人德性有缺，就不把他说的话当一回事。"

名句的故事

除了《卫灵公》记载有"君子不以言举人，不以人废言"，孔子在《宪问·五》也说过"有德者必有言，有言者不必有德"。孔子强调，有德行的人必定有嘉言，但是很会说话的人不一定有好的道德，所以对一个人，必须要"听其言而观其行"，不可相信片面之词，不应该"以言举人"，但也不可"以人废言"。

孔子非常厌恶一个人"言论君子、行动小人"，或是"言论巨人、行动侏儒"。历史上这类有名的例子有二，一是战国时代的赵孝成王"以言取人"，用了只会"纸上谈兵"的赵括，顶替实战经验丰富的老将廉颇。赵括自小熟读兵书、讲得头头是道，但首次带兵与秦国一战便大败，赵国差点因此亡国，而赵括也命送沙场。

二是"一生唯谨慎"的诸葛亮，同样犯了"以言取人"的毛病，用非常会说话的马谡当大将，结果失去了重要战略点街亭，最后只好以军法"挥泪斩马谡"，悔不当初。

历久弥新说名句

许多学者认为"君子不以言举人，不以人废言"，是孔子主张思想自由的篇章。然而，荒谬的是，小说家金庸的先祖查嗣庭在担任主考官时，便曾因以"君子不以言举人，不以人废言"为试题，而遭受文字狱之灾。

金庸考据出来的说法有好几种。

其一是清雍正年间，查嗣庭写了一本书《维止录》，也有可能是查嗣庭被派去做江西省正考官，出了试题"维民所止"，有一名太监向雍正说"维止"两字是去"雍正"两字之头，因此查嗣庭被雍正皇帝关进牢里。

其二是，查嗣庭在江西出了四道试题，第一题便是"君子不以言举人，不以人废言"，第三题是《孟子·尽心》中的"山径之蹊间，介然用之而成路，为间不用，则茅塞之矣。今茅塞子之心矣"。当时，清朝政府正在实行保举制度，朝廷认为他出这两道题是有意毁谤，批评朝廷"以言举人"，因此将他判刑。

也有学者认为，《论语》此章是要我们依据客观事实去看待人、事、物，不该受片面之词所左右，妄下判断。

与"不以人废言"意义接近的词语还有"不以言废事"、"对事不对人"，也可与孔子所说的"巧言令色，鲜矣仁"、"刚毅木讷，近仁"两段话相参照。

另外，有人提出"不以人废言"的态度更需落实于教育，尤其是爸妈、老师应该倾听小朋友的话。因为鼓励探索的文化，是允许犯错的文化，如此才能"大开言路"，让孩童不担心说错话而被耻笑，并从错误中学习。

君子有三戒

名句的诞生

　　孔子曰："君子有三戒[1]：少之时，血气[2]未定，戒之在色[3]；及其壮也，血气方刚，戒之在斗[4]；及其老也，血气既衰，戒之在得[5]。"

——季氏·七

完全读懂名句

　　1. 戒：警惕戒备。2. 血气：意志体气。3. 色：女色。4. 斗：斗殴。5. 得：贪得。

　　孔子说："君子有三件事需要警惕戒备：年少时，血气还没有稳定，要警惕贪恋女色；到了壮年，血气方刚，要警惕争强好斗；到了老年，血气已经衰竭，要警惕贪得无厌。"

名句的故事

这则君子三戒，是孔子以人生经验归结出来的三大守则。在今日看来，不只是要修养成君子的人需要警戒，一般的养生之道也应该遵守。

孔子对人的生理、心理真是有相当细微的观察！少年时期，身心都处于发育生长阶段，加上青春期荷尔蒙改变的影响，许多年轻人对"性"充满了好奇和幻想，这时候最需要以理智来了解并掌握自己的身心，过早的亲密关系或婚姻，对生涯影响甚巨！

到了壮年的时候，由于精力旺盛，容易好勇斗狠，而做出悔恨终生的事情，因此"戒之在斗"。相传清代林则徐个性很强、脾气很大，他深知自己的弱点，所以就写了"止怒"两个字挂在墙上，时时警惕自己。

及至老年，也许是已至迟暮，所以想抓住一些什么来成就此生，于是有人贪恋权位，有人遍寻长生不老之道，这都是贪得的毛病，"晚节不保"便是肇因于此。孔子对于人性的观察及描写，可说是入木三分。

历久弥新说名句

年轻人对于"性"的好奇古今皆然，唐代诗人白居易在《琵琶行》中有诗句："五陵年少争缠头，一曲红绡不知数。"李白的

《少年行》描写："五陵年少金市东，银鞍白马度春风。"但是青少年若太放任自己的身体，一是心理年龄尚未准备妥切，无法面对随之而来的责任；二是沉溺于情色，辜负了年少最珍贵的时光，所以孔子说要"戒之在色"。

《水浒传》里梁山一百零八条好汉大多处于壮年，这时身体已臻成熟，但却容易争强。现今在街头常见一个小小的交通意外，车主双方便当街叫骂起来，甚至大打出手，偶还有酿成惨剧者。这都是好勇斗狠的结果，所以孔子告诫，这段时期要"戒之在斗"。

"贪"是老人家容易犯的毛病，《红楼梦》甄士隐注释的《好了歌》中有一句："因嫌纱帽小，致使锁枷扛。"意思是因贪求更多，而汲汲钻营，所以犯法。在老年阶段，应该要思考如何完美退场，才是真正的人生哲学。

有人说孔子不但是教育家、政治家、思想家，而且还是养生学家。在当时的条件下，一般人的平均寿命可能还不到五十岁，但孔子却能享年七十三岁，就是因为他深谙养生哲学。其实，不管是戒色、戒斗、戒得，都是一生的功课，唯有能掌握自己的人，可保持心境平和愉悦，而这就是最佳养生之道。

乡原，德之贼也

名句的诞生

子曰："乡原[1]，德之贼也。"

——阳货·十三

完全读懂名句

1. 乡原：乡里谨厚之人，貌似君子而实伪善者。原，同"愿"，读作 yuàn，形容忠厚谨慎的样子。

孔子说："外表忠厚而内心巧诈的伪君子，真是戕害道德的败类啊！"

名句的故事

孔子对"乡愿"曾有进一步具体的说明。有一次子贡问孔子："乡人皆好之，何如？"曰："未可也。""乡人皆恶之，何如?"孔子曰:"未可也。不如乡人之善者善之，其不善者恶之。"（《子路·二十四》）。孔子认为，不能光靠局部人的赞誉或毁谤来断定一个人的善恶，他以为"好人喜欢，恶人憎恶"的人才是第一等人。在《卫灵公·二十七》中也传递进一步的想法:"众恶之，必察焉;众好之，必察焉。"也就是说大家都厌恶或喜欢的人事，情况不一定就真是如此，应要查明清楚才能下判断，不可人云亦云。

而那种人人都夸赞的人，孔子叫他"乡愿"。在《孟子·尽心下》中提到，孔子曾感慨地说:"过我门而不入我室，我不憾焉者，其惟乡原乎! 乡原，德之贼也。"弟子万章就问孟子:"什么样的人是乡愿呢?"孟子进一步阐述乡愿的定义，他回答:"这些乡愿不愿落落寡合于世，认为人既然生在世上，就要做这世上的（俗）人，只要别人说声好就可以了。"最后孟子做结论，"乡愿"就是那些做事遮遮掩掩专想讨好世人的人。（"阉然媚于世也者，是乡原也。"）

历久弥新说名句

"乡愿"翻成白话就是"滥好人"，这种人标榜凡事该以"大局"着想，不仅自己避免和人冲突，也不允许他人意见相左;不仅自己奉行"明哲保身"的混世方法，当他人受委屈时，也要求别人要有"吃亏就是占便宜"的雅量。动不动就祭出"有容乃大"、"识时务者为俊杰"等法宝自欺欺人，说穿了不过是"墙头草，风吹两面倒"。

但令人气馁的是，你还真挑不出乡愿的缺点呢！孟子就曾找不出乡愿的毛病而气急败坏地说："要非议他的不是，却举不出实例；要攻击他的毛病，他却没有明显的毛病；他与世俗同流合污。他的居心好像忠信，行为好像廉洁，以致人人都喜欢他，他也自以为是。但却不能进入尧舜的境界，所以说他是道德的盗贼。"（"非之无举也，刺之无刺也；同乎流俗，合乎污世；居之似忠信，行之似廉洁；众皆悦之，自以为是，而不可与入尧舜之道，故曰德之贼也。"《孟子·尽心下》）

孔子对于败坏道德的"乡愿"可说是深恶痛绝，他把这种人比成"似是而非"的"杂草"，他说："恶似而非者：恶莠，恐其乱苗也；恶佞，恐其乱义也……恶乡原，恐其乱德也。"（《孟子·尽心下》）

"乡愿"不问是非，只会使出"和稀泥"手段，换取"委屈的完满"、"让步的妥协"。他的成全美名自然远播，但在美名之下，不知多少公理正义、道德勇气都荡然无存了。所以，那些不问对错，只是一味大唱"君子有成人之美"高论的人，也都属于"德之贼也"。

道听而涂说，德之弃也

名句的诞生

子曰："道听而涂¹说，德之弃²也。"

完全读懂名句

1. 涂："道"和"涂"一样都是道路的意思。2. 弃：背弃，背离。

孔子说："听到传闻就到处散布，正是背离修养德性的行为。"

名句的故事

"道"与"涂"两字，都是路途、道路的意思。"道听而涂说"指在路上听到了某些传闻，马上又在途中说给别人听，孔子认为"传播马路新闻"相当不可取。

宋朝名相王安石认为说话要有德行，君子在开口之前就思考过，这句话是否偏离了道德，而道听途说就是没有德行的行为。

因"道听而涂说"受害的，包括孔子的弟子曾参。在曾参的故乡费邑，有一个人与曾参同名同姓。一天并非孔子弟子的那位曾参在外乡杀了人，而好事不出门，坏事传千里，"曾参杀人"的风声在费邑传得沸沸扬扬，邻人屡屡跑来跟曾参的母亲报信，前两次曾母都不相信，非常镇定地继续织布，到了第三次，曾母也惊慌失措地夺门而出。

因为道听途说多是捕风捉影，然后再加油添醋，即便像曾参以德行著称的君子，且曾母也非常相信自己的儿子，但在众口铄金、以讹传讹的情况下，也让曾母不得不开始怀疑曾参是否真的杀人了。

历久弥新说名句

"道听而涂说"换成现在的流行语就是"八卦新闻"、"街谈巷议"，有不少人以传播马路新闻为职志，说完张家说李家，一些知名人物甚且将谈论自己的流言蜚语，视为身价的象征。

不过，大部分人在散播八卦、逞一时口舌之快时，大概都没有想过这类谣言可以夺人性命！

一代红伶阮玲玉便是因为承受不了外界谣言的压力而自杀。上个世纪 30 年代，阮玲玉可是红遍全中国的巨星，在大银幕中扮演过各种角色，但由于外界攻击她的婚姻与电影，25 岁的她在留下了"人言可畏"的遗书后服毒自杀，香消玉殒。

然而在这个八卦谣言满天飞的时代，"谣言止于智者"的原则依然不会改变，不听、不信、不传谣言，就是现代聪明人需要修习的课题。

三国时代魏国司空王昶的家训中有这么一句："救寒莫如重裘，止谤莫如自修。"王昶训示子侄后辈，解决寒冷的方法很简单，那就是多穿件大衣；而要阻绝他人说自己坏话的方法也不难，就是加强自身的修养。

此外，清朝康熙皇帝曾禁止御史大夫"风闻奏事"，便是不希望风闻对无罪的人带来负面影响，也避免凭着马路新闻来处理国家大事。

没想到两百年后的今天所谓"听说文化"居然大行其道，尤其在国会殿堂与 call in 节目中，政治人物与记者总爱说"我听我的朋友说"、"听说某某人如何如何"，但实际上不过是道听途说，拿不出真凭实据，反而制造许多不必要的口舌是非。

望之俨然，即之也温

名句的诞生

子夏曰："君子有三变：望之俨然[1]，即之也温[2]，听其言也厉[3]。"

——子张·九

完全读懂名句

1. 俨然：庄重严肃的样子。2. 温：温和，和蔼可亲。3. 厉：严厉，一丝不苟。

子夏说："君子的容貌仪态给人三种不同的观感：远远看他，颇为庄重严肃；然而就近接触时，感觉相当和蔼可亲；再听他说话，言词严正，一丝不苟。"

名句的故事

宋朝理学家程颐认为子夏所说的君子，就是他的老师孔子，而一般人无法集"俨然"、"温"、"厉"三者于一身，如果是看似"俨然"，就无法兼顾"温"；如果看似"温"，也就无法兼顾"厉"，唯独孔子能三者兼具。

学者谢显道解释君子并非要"三变"，而是"俨然"、"温"与"厉"可并行不悖，就像一块玉能从不同角度看到色泽的变化。

也有学者认为子夏说的君子不是孔子，而是拥有权位者。强调君子有三变，是因为子夏心目中的君子有权术、有心计，不再是孔子所倡导"温文尔雅"、"坦荡荡"的儒生，这已经显现出法家善用智术谋略的精神。

不过，也有可能子夏与孔子其他弟子所认为的"君子之道"有所不同，连子夏的再传弟子荀子也认为子夏城府深沉，"正其衣冠，齐其颜色，俨然而终日不言"，形容子夏每天都穿得很整齐，神情严肃而沉默寡言，看起来非常有威严。

子夏注重理论的实际应用，之后著名的政治家、军事家如李悝、吴起、商鞅、荀子、李斯、韩非，都是子夏的学生与再传弟子。

历久弥新说名句

许多知名学者的晚辈或学生，常运用子夏形容孔子的名句来歌颂师长，如哲学家方东美的学生便以这"望之俨然，即之也温，听其言也厉"来回忆他，借以描述老师有温和也有严厉的一面，让人又爱又怕又尊敬。

因为《论语》说君子有三变，后世不少读书人便以"三变"为其字号，最著名的应该是宋朝词人柳永，自称柳三变。因为有人向宋仁宗推荐他当官，宋仁宗回答"且去填词"，从此他便以"奉旨填词柳三变"名号行走。

还有不少读书人以"望之俨然，即之也温，听其言也厉"自况，鲁迅的"横眉冷对千夫指，俯首甘为孺子牛"，被视为其心灵写照，现常用来形容一个人在外要面对各种不如意的事，但是回家就是慈祥的好爸妈。

这两句原出自鲁迅的《自嘲》，原诗全文为："运交华盖欲何求，未敢翻身已碰头。破帽遮颜过闹市，漏船载酒泛中流。横眉冷对千夫指，俯首甘为孺子牛。躲进小楼成一统，管他冬夏与春秋。"

若用口语的白话，就是："交了倒霉运，不敢有所奢求；躺在床上不敢翻身，却还撞个满头包；用破帽子遮住脸上大街，我感觉自己就像是载着酒行至河中心的漏船，随时可能会被江水吞没。然而，在外我冷眼横眉面对众人指责，在家甘心让小孩当牛骑，躲在屋里的小世界，外面发生什么事，我都不想管。"

"即之也温，听其言也厉"应当是"外柔内刚"，绝对不是"外厉内荏"，后者外表坚强但内心怯懦，两者不能混为一谈。

不学诗，无以言

名句的诞生

陈亢[1] 问于伯鱼[2] 曰："子亦有异闻[3] 乎？"对曰："未也。尝独立[4]，鲤趋[5] 而过庭。曰：'学诗乎？'对曰：'未也。''不学诗，无以言。'鲤退而学诗。他日又独立，鲤趋而过庭。曰：'学礼乎？'对曰：'未也。''不学礼，无以立。'鲤退而学礼。闻斯二者。"陈亢退而喜曰："问一得三，闻诗，闻礼，又闻君子之远[6] 其子也。"

——季氏·十三

完全读懂名句

1. 陈亢：字子禽，孔子弟子。2. 伯鱼：孔鲤，孔子的儿子。3. 异闻：特别的教诲。4. 独立：指一个人站着，左右无人。5. 趋：疾走。6. 远：读作 yuàn，没有偏私。

陈亢问伯鱼说："你有没有听到你父亲特别的教诲呢？"伯鱼

答说:"没有特别的。有一天,父亲独自站在厅堂,我很快地走过庭院。父亲就问我:'你学《诗经》了吗?'我说:'还没有。'父亲就说:'不学诗,怎么能与人交往谈话呢?'我就退下去读《诗经》。隔了一阵子父亲又一个人站在厅堂,我很快地穿过庭院。父亲又问:'你学《礼记》了吗?'我回答:'没有。'父亲就说:'不学《礼记》,怎么在社会上立身处世呢?'我就退下去读《礼记》。我所听到的教诲,就只有这些。"陈亢回去后很高兴地说:"问一件事却得到三件道理:知道学诗的道理,又知道学礼的道理,还知道君子对自己的小孩也没有特别偏私。"

名句的故事

《史记·孔子世家》记载,孔子19岁娶妻,隔一年便生下他的独子,当时在位的鲁昭公"使人遗之鲤鱼","遗"的意思是赠送,也就是鲁昭公派人送一条鲤鱼给孔子祝贺,孔子因此将孩子取名为鲤,字伯鱼。遗憾的是,孔鲤年50岁时,便早孔子一步离开人世。本文的这段话,是孔子对伯鱼的教诲,孔子认为学习《诗经》与《礼记》,方能与人交往并懂得立身处世之道。

陈亢是孔子的弟子,他以为孔子会偏爱自己的小孩,因此问伯鱼有没有受到孔子特别的教诲。伯鱼回答说没有特别的,然后陈述他与父亲孔子之间的日常对话。孔子先告诉伯鱼:"不学诗,无以言。"为什么读通《诗经》就可以与人交往谈话呢?因为"事理通达,而心气和平,故能言"(朱熹《论语集注》)。《诗经》记载许多人文、民俗、庆典、宗教、自然等事物，学习之后，自然能够明白事理，心平气和地与人交往、谈论事情。孔子又一次告诉伯鱼："不学礼，无以立。"为什么学《礼记》可以懂得立身处世之道呢？因为"品节详明，而德性坚定，故能立"（朱熹《论语集注》）。《礼记》记载着各种礼节的道理与仪式规矩，了解透彻后，对人的品德会产生潜移默化的作用，自然处世稳重。

伯鱼所说的传达了孔子对于基础学问养成的重视。显然陈亢之前曾怀疑孔子对自己的孩子保留一手，教另一套，没想到听完这番话，不仅要感到惭愧，并立即扫除心中疑虑，还非常高兴得到三个意外的收获："闻诗，闻礼，又闻君子之远其子也。"

历久弥新说名句

春秋战国时代贵族、士人的精神生活是很丰富的，举凡吟诗、唱歌、听乐、跳舞，从日常生活，到君臣相处、外交往来、宗庙祭祀，都可以看到。《墨子·公孟》便记载有："儒者诵诗三百，弦诗三百，歌诗三百，舞诗三百。"原来读书人对于《诗经》三百首，能够背诵出来、能够用乐器弹奏出来、会以歌唱形式表达出来，还能够用舞蹈来表现。孔子更是将《诗经》融入在教学中，《史记·孔子世家》记载："三百五篇，孔子皆弦歌之，以求合韶、武、雅、颂之音。"便是说明孔子运用《诗经》来作曲吟唱了！

　　这段"不学诗，无以言；不学礼，无以立"的故事不仅被后世传颂，根据文献《孔府档案》记载，孔子的后裔便自称"诗礼世家"。在第五十三代衍圣公孔治时，建造诗礼堂，堂前种有银杏树两株，苍劲挺拔，果实硕大丰满。而后世皇帝为推崇孔子的教育地位，授予孔门后裔勋爵，后来还有孔府宴的产生，是孔府接待贵宾、袭爵上任、祭日、生辰、婚丧时特备的高级宴席。其中有一道菜肴称为"诗礼银杏"，这道菜的基本材料是：白果、白糖、蜂蜜、猪油。首先将白果剥壳处理、泡碱水去皮，入滚水锅去苦味，再将之煮烂取出备用。接着，起油锅，用猪油加白糖翻炒至变色后，加水、蜂蜜调成糖汁，再放入白果熬煮至浓稠，起锅前可再淋上白猪油，然后盛入盘中即可。这道"诗礼银杏"据说非常鲜甜入味，就是由这句佳言的典故与银杏树的结合而来。

君子成人之美

——待人接物

犬马，皆能有养；不敬，何以别乎

名句的诞生

　　子游问孝，子曰：“今之孝者，是谓能养[1]。至于犬马，皆能有养[2]；不敬，何以别[3]乎?”

——为政·七

完全读懂名句

　　1. 养：指晚辈供养长辈。2. 至于犬马，皆能有养：有两种解释，一是指“犬守御，马代劳”，都能侍奉人；二是指犬马也有人养着。3. 别：区别，分别。

　　子游问：“怎么样才算是孝道?”孔子说：“现在所谓的孝，只要能奉养父母就称为孝。然而，就算是狗跟马，一样有人养着，如果对父母没有一片敬意，两者又有什么分别呢?”

名句的故事

对于孔子这番有关孝的见解，同样由寡母抚养长大的孟子深有所感，孟子曾说："食而弗爱，豕交之也。爱而不敬，兽畜之也。"(《孟子·尽心上》) 即子女如果只是奉养饮食却没有敬爱，就跟养畜生没有两样，是"犬马之养"而非"人子之养"。

孔子重视孝道，并认为敬爱重于物质。孔子 3 岁时，父亲就撒手人寰，17 岁时，含辛茹苦养育他的母亲病死，孔子虽事母至孝，但总怀有无限遗憾。从今天的角度来看，孔子与孟子都是单亲家庭的小孩，对于独立抚养他们的母亲特别孝顺。孔子好礼，孟子好学，都是受到母亲的熏陶，终身奉行母亲的教诲，并光大之。

有人认为此章发问者子游对父母可能只有犬马之养，而缺乏敬意。南宋儒者胡寅认为孔子只是提醒而已，他说因为父母爱护儿女，儿女们常常"恃宠而骄"，甚至"骑到爸妈头上去了"，不过子游应该不至于如此。

宋代大儒朱熹也认为养而不敬，可称为罪。他说犬马等人喂养食物，如果养亲却没有敬意，算是犯了罪。证严法师认为所谓的"孝顺"，要"孝"也要能"顺"。早年社会中，子女服从父母，在言行上充分表现"顺"，现在子女往往只着重物质的奉养而不顾虑父母的感受，没有"顺"，也算不上"孝"。

历久弥新说名句

孔子这句话于后世衍生出许多相关成语。"犬马之养"为子女谦称供养父母;"犬马之劳"为下属谦称对上司、团体的贡献;"犬马之决"指臣僚的果敢决断;"犬马之疾"是谦称自己的疾病;"犬马之报"为谦称对他人的真诚报答。在这些成语中,犬马都是有"犬守御,马代劳"的意思。

在驯化的动物中,狗和马的温和忠诚是有名的。马能奋力拉车,狗能看门打猎,因此在下位者常把自己比喻为犬马。三国的刘备在白帝城托孤给孔明时,孔明便有"效犬马之劳"之称,以表达效忠效劳的心意。

过去,东方社会"积谷防饥、养儿防老"的观念根深蒂固,但是现代社会中,大多数人恐怕只能自求多福,期待老年时,儿女都能自立,不需继续操烦。不过,也有人开玩笑地将饲养宠物称做"犬马之养",尤其是在宠物店或是网络的宠物主聊天室中,他们对待宠物有如家人,像宝贝一般地呵护、"视如己出",那可是充满真心爱意的"犬马之养"呢!

有事弟子服其劳

名句的诞生

子夏问孝。子曰："色难[1]。有事弟子服[2]其劳，有酒食先生馔[3]，曾[4]是以为孝乎？"

——为政·八

完全读懂名句

1. 色难：有两种解释，一是指儿女难以从父母的脸色，得知父母的心思，二是侍奉父母，以能和颜悦色为最困难的事。2. 服：操执之意。3. 先生馔：先生，指父兄或长者。馔，饮食也。4. 曾：乃，就。

子夏问孝道。孔子说："子女保持和颜悦色事亲，这是最困难的。如果有事情要处理，由年轻人操劳，有酒菜饭食，请年长的人先享用，这样就可以算是孝吗？"

名句的故事

小戴《礼记·祭义》篇有段话，呼应着此章关于孝的说法，"孝子之有深爱者，必有和气。有和气者，必有愉色。有愉色者，必有婉容。"意思是说，孝顺父母必定出自自己的真心，所以一定是态度和气、神情愉快，不可能板着一张臭脸孝顺父母的。

朱熹解释孔子这段话，指出事亲之际，唯色为难，只有服劳奉养未足以为孝。钱穆认为色难即是心难，因为人的面色，是内心的真情流露，想装也装不了。

《论语》的《为政》篇中共有四章问孝，孔子的回答各自不同，后世学者也有不同的见解。程颐的看法是，发问者皆可能孝道有亏，孔子针对各人的缺失因材施教。孔子对孟懿子说明"无违"、"生，事之以礼；死，葬之以礼，祭之以礼"，其实是告诉众人同样的道理。他对孟武伯说的"父母唯其疾之忧"，应该是孟武伯常常生病，让父母担心害怕。而子游可能奉养父母失于尊敬，孔子才会说："今之孝者，是谓能养。至于犬马，皆能有养，不敬，何以别乎？"而子夏奉养父母，但脸色不够温和，于是孔子才说："色难。有事弟子服其劳，有酒食先生馔，曾是以为孝乎？"

历久弥新说名句

问孝于孔子的子游、子夏是孔子学生中以文学著称的，但所谓文学并非仅是"咬文嚼字"与"起承转合"，子夏与子游都把孝顺父母当学问看待，也许才会失于尊敬或脸色僵硬。

"色难"不只指"和颜悦色"侍奉父母，也要懂得对父母"察言观色"。《孔子家语》记载，有一回曾子不小心弄断了父亲曾皙从吴国觅来的瓜种，曾皙气得用锄柄将曾子打昏了。曾子醒来后问父亲是否消气，还弹琴给父亲听，表示自己没事。孔子后来对曾子说："小杖受，大杖逃。"如果发现父母气过头，还让父母将自己打伤，其实也是不孝。

在现代社会家居生活里，"有事弟子服其劳"可以解释为儿女应分摊家事，不要让父母太过劳累。"有酒食先生馔"也不一定指父母要先吃，而是等父母一起开动，不要自己先吃，却让父母吃剩菜剩饭。对父母而言，这些可能不是最重要的，重要的是子女的心意。

另外，此段话中的"色难"，曾被认为是最难对仗的上联。有人说明成祖朱棣以此考解缙，有人说乾隆皇帝曾要纪晓岚对下联，两人皆对之"容易"，一开始皇帝有点生气，后来才莞尔一笑，这也被认为是绝妙之对。

视其所以，观其所由，察其所安

名句的诞生

子曰："视其所以¹，观其所由²，察其所安³。人焉⁴廋⁵哉？人焉廋哉？"

——为政·十

完全读懂名句

1. 所以：所做的事。2. 所由：做这件事的方法。3. 安：心之所安。4. 焉：怎么。5. 廋：读作 sōu，隐藏。

从大体看他所做的事，从小处看他做这件事的方法，从心理上看他情之所安。这个人的为人怎么还能隐藏得住呢？

名句的故事

老子说："知人者智，自知者明。"因为"人心隔肚皮"，所

145

以我们往往无法了解他人。但是"知人"却又是如此重要的事，交朋友要选择，公事上要知人善任，找另一半也要睁大眼睛瞧。其实早在两千多年前，孔子就建议我们一套实用的"识人学"，方法就是"视其所以，观其所由，察其所安"。"视"、"观"、"察"三个字在今日都可以解释为"看"的意思，但在古代，可是大有学问的哟！

《说文》："视，瞻也。"《谷梁传·隐公五年》："常事曰视，非常曰观。"一般的看称为"视"，要用心去了解的称为"观"。在《尔雅·释诂》还提到："察，审也。"这说明了，更细致地去明辨叫做"察"。

孔子的这套识人学并非由他自创，而是出自《大戴礼·文王官人》："考其所为，观其所由，察其所安。"若能遵循这三个步骤：先看一个人的行为如何；再看他做事的方法、态度；最后看他的居心所在，如此，一定可以相当程度地了解这个人。

历久弥新说名句

关于识人，古往今来的圣贤哲人提出过许多理论。孟子说："存乎人者莫良于眸子。眸子不能掩其恶。胸中正，则眸子瞭焉；胸中不正，则眸子眊焉。"这里强调的就是所谓"观其眸子"。眼睛是灵魂之窗，往往会不由自主透露出内心的情感，所以有人说："婴儿的眼睛是清澈的，青年人的眼睛是热烈的，中年人的眼睛是严峻的，老年人的眼睛是睿智的。"美国著名作家杰克·伦敦在作品《一块牛排》中曾以眼神为主题，出色地描述过这样一个人："他简直像个野兽，而最像野兽的部分就是他那双眼睛。这双眼睛看上去昏昏欲睡，跟狮子的一样——那是一双准备战斗的眼睛。"

除此之外，三国蜀相诸葛亮根据前人的经验和自己的实践，更精细地归纳出识别人才的七种方法，他说："知人之道有七焉：一曰间之以是非而观其志；二曰穷之以辞辩而观其变；三曰咨之以计谋而观其识；四曰告之以祸难而观其勇；五曰醉之以酒而观其性；六曰临之以利而观其廉；七曰期之以事而观其信。"意思是说：识别一个人是否为人才，可以在大是大非前看他的志向，在山穷水尽时看他的变通，在各种办法前看他的抉择，在祸难临头时看他的勇气，在酩酊大醉中看他的本性，在物欲诱惑下看他的清廉，在分配任务后看他的信用。

也有人说要在牌桌上选女婿，因为从输赢之间的脸色中，可以判断一个人的品性与修养。

看来，孔子的"视其所以，观其所由，察其所安"，还真是最简单明了的识人办法呢！

是可忍也，孰不可忍也

名句的诞生

孔子谓季氏[1]："八佾[2]舞于庭，是可忍[3]也，孰不可忍也?"

——八佾·一

完全读懂名句

1. 季氏：春秋鲁国大夫季孙氏。2. 八佾：佾，读作 yì，行列的意思。古代舞以八人为列，天子八佾，六十四人，诸侯六佾，大夫四佾，士二佾。季孙氏在家庙的庭院中作八佾之舞，则是以大夫僭用天子之礼。3. 忍：容忍。

孔子评论鲁国大夫季氏："季氏在自己家庙的庭院，举行了天子所专享八人八列的八佾之舞。如果这种僭礼之事都可以容忍，那么还有什么是不可容忍的呢?"

名句的故事

鲁国自从宣公之后，政权便操在季孙、叔孙、孟孙三家大夫手上，史称"鲁国三桓"。鲁昭公初年，三家瓜分鲁君的兵权，三桓以季孙势力最大，此章的季氏，指的是季平子。

季平子在家庙举行了天子专用的八佾舞，此时孔子已从周朝首都洛邑学习周礼回来，对此种破坏礼制的行为提出严厉谴责，这件事也让鲁昭公相当难堪，但却又无能为力。

古代以礼分贵贱，僭越之罪甚大。宋朝儒者范纯夫认为无礼之后必定无父无君，因此孔子为政，先正礼乐。学者谢显道也认为，如果可以忍受季平子如此嚣张的行径，他日后必定有恃无恐，恐怕连犯上弒君的事也敢做。

果不其然，之后鲁国国君为首的贵族与季平子为首的三桓大动干戈，史称"斗鸡事件"。原由是季平子与贵族昭伯比赛斗鸡，季平子的斗鸡输了，他恼羞成怒，强占了昭伯的住宅。鲁昭公介入仲裁，并趁机出兵攻占季平子府宅，不料其他两桓派兵相助季平子，鲁昭公大败，逃亡齐国，鲁国陷入了一片混乱。

历久弥新说名句

在今天"是可忍也，孰不可忍也"常用来表示已经忍无可忍，再继续忍下去就"颜面扫地"。所谓"士可杀不可辱"，《礼记·儒行》中便提到："儒有可亲而不可劫也，可近而不可迫也，可杀而不可辱也。"意思是读书人可以与之友好，但不能强迫他；可以与之亲近，但不可胁迫他；可以杀了他，但不能羞辱他。

宋朝是中国历代知识分子地位最高的朝代，皇帝想杀读书人都不能一意孤行。根据宋人侯延庆《退斋笔录》记载，宋神宗想将一名犯了错的转运使（高级地方长官）处死，宰相蔡确反对，理由是"自从开国以来，朝廷没杀过读书人"，于是宋神宗想将这名转运史发配边疆充军，门下侍郎章惇认为，"如果是这样，还不如杀了他"，原因是"士可杀不可辱"。

不过，虽然世上有诸多"孰不可忍"的事，但是有时"小不忍则乱大谋"，最好的对策还是忍忍忍。

五代时的冯道，曾经当过好几个朝代的宰相，他的修养功夫有"宰相肚里能撑船"的风范。据说曾有人在街上牵着一匹驴子，用布写着"冯道"二字，挂在驴子的身上，他路过看见了也不生气。朋友问他为何不动怒，他答道："天下同姓名的不知凡几，不是每个冯道都是我，可能是这个人捡到一匹驴子，正在寻访失主。"正因为有此忍耐的功夫，所以能够屹立不倒于乱世的官场，被现代史家称为专业政治经理人的第一人。

礼，与其奢也，宁俭

名句的诞生

　　林放[1]问礼之本。子曰："大哉问！礼，与其奢[2]也，宁[3]俭；丧[4]，与其易[5]也，宁戚[6]。"

——八佾·四

完全读懂名句

　　1. 林放：鲁国人。2. 奢：奢侈，浪费。3. 宁：宁愿。4. 丧：丧葬，丧礼。5. 易：治理，此处指熟悉丧礼节文。6. 戚：哀伤，难过。

　　林放向孔子请教礼的本意。孔子说："问得好极了！关于一般的礼，与其过于奢侈浪费，宁可俭约素朴；关于丧礼，与其仪式上治办周备，不如内心真正哀戚。"

名句的故事

春秋以后，周王室衰落，各诸侯国自行称王，为展现自己的威势，诸侯们都喜欢铺张排场，或者大搞隆丧厚葬，形成一种社会风气，甚至连老百姓也都倾家荡产地办丧葬。

本篇孔子听到林放的发问，还大大称赞了一番，认为真是问了个好问题。孔子认为，礼的根本在于内在，与其过于注重形式，进行奢侈浪费的仪式，还不如俭约素朴，以保持礼的本心。（"礼，与其奢也，宁俭。"）

同样的，丧葬本质是在于悼念往生的人，因此，内心真诚的哀戚、吊祭，应该比形式上的奢华葬品、繁文缛节更为重要。（"丧，与其易也，宁戚。"）

鲁国曾发生大夫季康子祭祀泰山的僭礼事件。依据周礼，只有天子与诸侯才有资格祭祀名山大川，季康子不过是鲁国的大夫却也跑来祭拜。孔子听到消息很生气，就把在季康子那里当家臣的冉求叫来询问："你难道不能纠正此事吗？"冉求无奈地摇摇头。孔子十分失望地感叹道："难不成有人以为泰山之神还不及林放懂礼，会接受你们这不合规矩的祭祀吗？"（子曰："呜呼！曾谓泰山不如林放乎？"《八佾·六》）

历久弥新说名句

今日发掘出土的古代陵墓，有不少是春秋战国时期隆丧厚葬的产物。然而，即使在当时奢华的社会风气之下，依然有简约朴实之人。

春秋时代齐国的宰相晏婴就是这样一位人物。《晏子春秋》记载齐景公看到晏婴的房子低湿狭小又靠近市场，就对晏婴说："把你的房子换到干爽且高一点的地方吧！"晏婴辞谢道："小人家里靠市场近一点，容易打听、买到比较便宜的东西。"

后来晏婴出使在外，齐景公偷偷命人更新他的住宅。晏婴回来后，新宅已经落成。然而，晏婴拜谢完，居然将新宅给拆毁了，重新恢复成原来的样子。晏婴每天上朝穿的是粗布衣服，乘坐的是老瘦的马拉着的旧车，三餐食物，少有鱼肉，不过求饱。齐景公三番两次送他大车和骏马，也都三番两次碰了钉子。

齐景公心中不悦，便对晏婴说："你不接受车和马，那我以后也不再乘坐了。"晏婴说："您让我统辖全国官吏，我要求他们节衣缩食，行事节俭，成为人民的模范。即便如此，我都还担心大家做不到。现在如果连我自己都出入大辂骏马，如此一来，全国官吏岂不是要上行下效，最后奢侈成风，等到那时才去匡正就来不及了。"因为有晏子的以俭治国与以身作则，很快地齐国就步上富强之路。

父母在，不远游，游必有方

名句的诞生

子曰："父母在，不远游[1]，游必有方[2]。"

——里仁·十九

完全读懂名句

1. 远游：出远门。在古代，游可指游学或游仕，皆须长期从事，另外也有游历与游玩等意义。2. 有方：方，去处，方向。有方，有一定的去处。

孔子说："父母健在的时候，子女不出远门；如果一定要出远门，就必须有一定的去处。"

名句的故事

孔子事母至孝，也曾经远游诸国，所以此章当是有感而发。

儒家著名经典《孝经》便是孔子与曾子相问答、明孝道以及孝治之义的书籍。孔子周游列国时，妻子与儿子都留在鲁国，而与他一起周游列国的学生，也都有家人父母，孔子便曾派遣子路回家给家人与鲁国子弟的父母报音讯，在他找寻实践理想的国度时，也没有忘记不要让家人担心。

远古时代，人们"逐水草而居"，到了商代，才正式有"居民"的出现，开始有"安土重迁"的观念。孔子批评过弟子"士而怀居，不足为士矣"（《宪问·十四》），也就是说，读书人必须"读万卷书，行万里路"，不相信"秀才不出门，能知天下事"，足见当时还是重视游士游居的时代，但若想兼顾家庭、事业，就要"游必有方"。

宋代大儒朱熹认为，一旦远游必定离开父母，很难"晨昏定省"，所以不轻易远游，一是自己放心不下父母，也是不让父母担心。而所谓"游必有方"，就是告诉父母往东边，就不到西边去，没有增添不必要的担心。

历久弥新说名句

俗谚说："儿行千里娘担忧。"不管是在古代，或是在现代，父母担忧儿女的心情永远不变。也就是说，此章的前半段在农业时代适用，但是放在当代却不合时宜，不过后半句不管古今在哪一个国家，都是普世通行的道理。

因为个人的志向、城乡的差距，当今的父母要儿女不远游，已经不可能，但是子女让爸妈与家人知道自己身处何方，却比古代简单太多。不管是邮政、电话、手机、电子信箱，都十分方便，可说"天涯若比邻"，子女绝对可以做到"游必有方"。

此段话也常被引申作为临别赠语，希望离别者常保联系。

另外，此名句也经常运用于提醒对方绝不能失去联系，例如报社主管希望记者、医院希望医生、军队希望军官即便休假，都必须确实做到"不远游，游必有方"。

最近有一则广告，年轻的母亲不时呼喊："你在哪里？"玩着游戏中的小孩则响应："我在这里！"每次，母亲都能很快看到小孩子，这几幕可说是"游必有方"的最佳生活实践。

犁牛之子，骍且角，
虽欲勿用，山川其舍诸

名句的诞生

子谓仲弓[1]曰："犁牛[2]之子，骍且角[3]，虽欲勿用，山川[4]其舍[5]诸?"

——雍也·四

完全读懂名句

1. 仲弓：即冉雍，孔门中以德行著称。2. 犁牛：指毛色驳杂的牛，耕田的牛。3. 骍且角：骍，读作 xīng，赤色，即红色。角，角周全端正。表示适合祭祀。4. 山川：指山川之神。5. 舍：舍弃。

孔子评论仲弓："毛色驳杂的牛生的小牛，居然是纯正的赤色而且头角端正，即使有人不想用它来祭祀，难道山川之神会舍弃它吗?"

名句的故事

冉雍字仲弓，为人器量宽宏，才气不凡，因出身不好，常感到自卑。《史记·仲尼弟子列传》中记载："仲弓父，贱人。"因此孔子说："犁牛之子，骍且角，虽欲勿用，山川其舍诸？"根据朱熹在《论语集注》中解释，这句话是孔子对他人评论冉雍的反驳，由此可以看出孔子非常重视这位学生。

朱熹指出："骍，赤色。周人尚赤，牲用骍。"古时周人崇尚赤色，连祭祀也用赤色的牲口，表示对神明的尊敬。"犁牛之子，骍且角"是说一只只是耕田的牛，照样可以生出纯正赤色且头角周正的小牛；言下之意，冉雍的父亲虽然不好，一样可以生出像冉雍这样有大器的儿子。何晏《论语集解》也解释："言父虽不善，不害于子之美也。"

孔子不只一次称赞过冉雍，他还曾说："雍也，可使南面。"（《雍也·一》）即是赞赏冉雍具备诸侯的才干。当时有人批评冉雍口才不好，孔子也声援："焉用佞？御人以口给，屡憎于人。不知其仁，焉用佞？"（《公冶长·五》）"佞"是巧言善辩之意。孔子说："何必要有口才呢？靠口才来应付人，常常惹人讨厌。没有仁德，光有口才有什么用呢？"

历久弥新说名句

本章是用人不问出身的典范。孔子以德行来教导学生、衡量时人时政，认为德行是善政的基础，这影响了中国历代用人举德的政策，汉代推行的选举制度中便有"贤良方正"、"孝廉"等科。

三国时期群雄并起，孙权刚刚接掌东吴，江东情势极需有才干者协助，周瑜告诉孙权："自古得人者昌，失人者亡。为今之计，须求高明远见之人为辅，然后江东可定也。"（《三国演义》第二十九回）于是便向孙权推荐鲁肃，孙权一见鲁肃，"与之谈论，终日不倦"，当晚两人谈到同榻而眠。鲁肃果然不负期望，赤壁之役时，他建议联合刘备抵御曹操，助周瑜大败曹军，为孙吴奠下根基。

清代赵翼在《二十二史札记》中便指出："人才莫盛于三国，亦为三国之主，各能用人，故得众力相扶，以成鼎足之势。"赵翼认为，三国是人才济济的时代，这也是因为群雄的首领善用人才的缘故。

曾国藩善于相人，官场知名。他的《冰鉴》一书，便从一个人最基本的条件看起，包括神骨、刚柔、容貌、声音、气色等。他并强调"为政之首要在于人"、"然制胜之道，实在人而不在器"、"德才兼备最好，否则宁取德而舍才"。曾国藩常常破格擢用人才，他提拔左宗棠、李鸿章，更是千古佳话。

斯人也而有斯疾也

名句的诞生

伯牛[1]有疾，子问[2]之。自牖[3]执其手，曰："亡之，命[4]矣夫！斯人也而有斯疾也！斯人也而有斯疾也！"

——雍也·八

完全读懂名句

1. 伯牛：姓冉，名耕，字伯牛。2. 问：探视。3. 牖：音 yǒu，窗户的意思，这里是指南边的窗户。4. 命：指天命。

伯牛身染重病，孔子前去慰问他。孔子从窗外握住伯牛的手，叹息说："如果无法复原，真是天命啊！这样好的人，怎么会生这种怪病！这样好的人，怎么会生这种怪病！"

名句的故事

冉伯牛原名禾兔，出身贫寒，在进入孔门受教之前，是个奴隶。幸得他躬逢孔子主张"有教无类","耕"这个名字便是孔子为他改的，并取字为"伯牛"。在孔子的熏陶与提拔下，冉伯牛依圣人标准修养品德，从奴隶阶级翻身成为鲁国的中都宰。

孔子周游列国的 14 年中，伯牛始终陪在身旁，当孔子结束游历、回到鲁国后不久，冉伯牛居然得了"麻风病"，从此一病不起。

孔子知道伯牛染上了恶疾，某日与弟子们出门时，决定顺路去探望他。因为疾病症状的影响，冉伯牛自惭形秽，不肯与人接触，孔子前来探望，也不肯开门让孔子进入房里。朱熹在《论语集注》中提到，根据《礼记》记载，生病的人应该躺卧在北边的窗户旁，如果有君主来探视，就必须把病床移到南边的窗户下，让君主可以居南面看到自己。而"居南面"就是做大官的意思。

伯牛的家人便是用迎接君主的礼节来接待孔子，但是孔子不肯接受，因此从窗外握住伯牛的手，安慰他，并且叹息说："如果无法复原，真是天命啊！这样好的人，怎么会染上这种怪病！这样好的人，怎么会染上这种怪病！"后来伯牛成为继颜回之后，比孔子先行离开人世的学生。

历久弥新说名句

在《梁书·列传》中记载，以《千字文》流传于世的周兴嗣，由于受到梁高祖的赏识与提拔，官运亨通。而正当周氏青云直上之际，居然两手先患风疽，同一年又染上疠疾，因而瞎了左眼，梁武帝便曾抚着他的手叹道："斯人也而有斯疾也！"

至于冉伯牛究竟是因何疾而死？对此《淮南子·精神训》有一番说法："冉伯牛为厉。"除此之外，《史记·刺客列传》中也记载："豫让又漆身为厉……"什么是"厉"？《史记索隐》指出，疠就是癞病、恶疮病。因为漆是有毒的，太常接触会患疮肿，很像得到癞病的样子，所以战国时一心为知伯复仇的豫让故意用漆涂身，让自己看起来像得了癞病，外貌变化到连他的妻子都认不出来。古人多以疠为癞病，也就是现代人说的麻风病。

根据文献记载秦朝便设置有"疠人坊"，专门收容麻风病患者，属于世界上最早的隔离措施。关于这个一直为世人所误解的疾病，公元1873年挪威的物理学家汉森发现，它是由一种杆菌所引起，既不是透过遗传也并非宿命所致。自20世纪80年代起，由于联合化疗法的运用，不仅大幅提高麻风病治愈的可能性，也让世人对此疾病有了积极性的认识。

四海之内，皆兄弟也

名句的诞生

司马牛忧说："人皆有兄弟，我独亡[1]。"子夏曰："商[2] 闻[3] 之矣：'死生有命，富贵在天。'君子敬而无失，与人恭而有礼，四海之内[4]，皆兄弟也。君子何患无兄弟也?"

——颜渊·五

完全读懂名句

1. 人皆有兄弟，我独亡：亡，无的意思。司马牛有兄弟，但在宋国为乱，司马牛逃亡在外，担忧兄弟为乱而将死。2. 商：子夏的名。3. 闻：听说过。4. 四海之内：指天下人。

司马牛很忧愁地说："人人都有兄弟，唯独我没有。"子夏说："我曾经听过老师说：'死生各有命运，富贵皆由天安排。'君子态度认真而没有差错，对人谦恭而往来合乎礼节，那么天下所有人都可以称兄道弟。君子又何必忧心没有兄弟呢?"

名句的故事

根据《左传》，司马牛的家族在宋国是领有封地的世家。他的哥哥桓魋很得宋景公的信任与重用，然而桓魋不但不报答君上的恩情，反倒伙同几个弟弟子颀、子车等一起谋反。后来叛乱失败，司马牛家族犯了灭族之罪，全部逃亡在外，此事发生在鲁哀公十四年。

司马牛在家族还未叛乱之前便先离开宋国，四处逃难、忧惧不已。他对兄弟的作为相当气愤，认为这种兄弟"有不如无"，所以有《颜渊》第三、四、五章的三问。根据子夏劝解的语气研判，当在事变发生之前。

朱熹解释"死生有命，富贵在天"时，认为子夏说这些话是为了宽慰司马牛，子夏说天命之于有生命的东西，不是我们能够预测或改变的，只有接受，并在安于命之后不断地修养自己的德行，所有人将爱你敬你，就像亲兄弟一样，自然会"四海之内，皆兄弟也"。

宋代经学家胡安国认为子夏"言不由衷"，因此语气中有点"勉为其难"，孔子便没有这种情况。后来子夏因为丧子过于悲痛，而哭到眼瞎，并不能实践自己所说的这段话。

历久弥新说名句

"四海之内，皆兄弟也"，不但是两千多年来中国历代英雄豪杰的信条，并被篆刻高悬于联合国的总部正厅，选取这句话为宗旨，是此语最符合联合国成立的精神，祈求人间和平、公共道德提升，缔结"四海一家"的情谊，使地球成为一村。

在联合国各项宣言中都见得到"四海之内，皆兄弟也"的词句，例如《儿童权利宣言》第十条中有："儿童应受到保护，使其不致沾染可能养成种族、宗教和任何其他方面歧视态度的习惯。应以谅解、宽容、各国人民友好、和平以及'四海之内皆兄弟'的精神教育儿童，使他们充分意识到自己的精力和才能应奉献于为人类服务。"

此外，武侠小说家金庸曾以"我的武侠世界"为演讲主题，形容他的武侠世界，"四海之内，皆兄弟也"一句话就可贯通，至于其他部分，是读者自己的事，读者把他的书读完，不就清楚他在写什么了吗！

"四海之内，皆兄弟也"，其意义可说是历经千载而愈来愈深邃美丽，现在的网络世界更让这句话成为真实，许多透过网络推动的国际援助，就是最好例证。

爱之欲其生，恶之欲其死

名句的诞生

子张问崇德[1]，辨惑。子曰："主[2]忠信，徙义[3]，崇德也。爱之欲其生，恶之欲其死；既欲其生，又欲其死，是惑也。"

——颜渊·十

完全读懂名句

1. 崇德：尊崇品德。2. 主：亲近。3. 徙义：趋于义。

子张问怎样提高品德，辨别疑惑。孔子说："亲近忠信的人，让自己趋近于道义，就是提高品德。喜欢一个人时，就希望他好好活着；厌恶一个人时，便希望他快快死去，既要他活着，又要他死去，这就是迷惑。"

名句的故事

"爱之欲其生，恶之欲其死"直指人性的矛盾，它出现在我们生活周遭，也在孔子的时代上演。

孔子在卫国三年，期间发生一桩骇人听闻的大事——卫国太子蒯聩刺杀生母南子。南子是宋国公室女儿，嫁与卫灵公，因宋南于卫，因而名南子。南子生得极美，也很能干，甚得卫灵公宠信。但南子一直念念不忘儿时青梅竹马的恋人公子朝，以致郁郁寡欢。自宋国陪嫁来的婢女，便为南子解忧——既然南子返家省亲与礼不合，请宋国家亲来访，当然可行。这家亲就是公子朝，因为南子是独生女，只有公子朝这门远房表亲。只是这一见面，就一发不可收拾，而卫灵公一直以为只是乡亲会面。然而东窗事发，南子与卫灵公之子蒯聩，经过朝歌的路上，听到流传不堪入耳之言，就要侍卫戏阳速刺杀南子和公子朝。后来形迹败露，蒯聩逃到宋国避难。

本来亲恩似海，南子和蒯聩从母子演变成仇敌，怎么不是"爱之欲其生，恶之欲其死"呢！

历久弥新说名句

张爱玲和胡兰成，这对文坛鸳鸯曾有婚书一张："胡兰成与张爱玲签订终身，结为夫妇，愿使岁月静好，现世安稳。"才子佳人陷在爱情泥沼里，那种"欲生欲死"的感受，全写在胡兰成的《民国女子》里。

张爱玲这个民国世界的"临水照花人"，在她笔下，《倾城之恋》里的白流苏和范柳原厮守，就能够"改写历史"："也许就因为要成全她，一个大都市倾覆了。成千上万人死去，成千上万人痛苦着，跟着是惊天动地的大革命……"只是当她和胡兰成走进爱情里，历史却不能因他们也改写。张爱玲说："生得相亲，死亦无恨。"很能作为这段感情的脚注。只是，时事更迭后，两人的一切张爱玲绝口不提，不知是不是"爱之欲其生，恶之欲其死"。

爱与恶的界限有时就是这样模糊不清。德国剧作家布莱希特（Brecht）在《颂爱人》中，实实在在地描写出爱恶之间的矛盾："当时她见我就生气，但爱我仍坚定不移。"既爱又恨，人类的情感就是这么回事。瑞典国宝级导演柏格曼（Bergman）所执导的影片中，男女永远活在相互憎恨的婚姻生活里。柏格曼最钟爱的剧作家史特林堡（Strinberg）说："还有什么比一对男女相互憎恶来得更可怕呢？"看来，只要这个世界存在一天，"爱之欲其生，恶之欲其死"的剧码就会继续上演。

君子成人之美，不成人之恶

名句的诞生

子曰："君子成¹人之美²，不成人之恶。小人反是³。"

——颜渊·十六

完全读懂名句

1. 成：成全，成就。2. 美：与恶相对，指善。3. 反是：与此相反。

孔子说："君子成全别人的善行，不帮助别人做坏事。小人恰恰与此相反。"

名句的故事

关于"君子成人之美，不成人之恶。小人反是"，朱熹解释说，君子与小人的差异在于心地，君子喜欢行善，而小人不会鼓励他人成就善事。针对孔子"成人之美"的说法，汉代刘向的《说苑·君道》中有段鲁哀公与孔子的对话，可视为此章的延伸补充。

鲁哀公曾问孔子："我听说君子不下棋，有这样的事吗？"孔子回答："有这样的事。"哀公又问："为什么他们不下棋呢？"孔子说："因为下棋双方都会互相争胜。"鲁哀公又问："为什么双方互相争胜就不下棋了呢？"孔子回答说："因为争胜就会走邪路。"

鲁哀公听了之后感慨地说："如此看来，君子特别憎恨走邪路！"孔子回答："恶恶道不能甚，则其好善道亦不能甚；好善道不能甚，则百姓之亲之亦不能甚。"意思是，如果不特别憎恨走邪路，那么就不会特别喜好走正路；不特别喜好走正路，那么百姓就不会特别亲近他。鲁哀公说："我听说君子总是成全别人的好事，而不促成别人做坏事。如果没有先生您，我怎么能听到这样的言谈啊！"

历久弥新说名句

"君子成人之美，不成人之恶。"孔子总是将美与善等同相提并论，而"小人反是"代表着"小人成人之恶，不成人之美"。韩愈的《张中丞传后序》中有"小人好议论，不乐成人之美"，也是源出此章。

韩愈会写《张中丞传后序》，是与张籍在家中读旧书时，读到李翰所写的《张巡传》，知道作者因为世俗的责难，所以不敢为张巡、许远立传，韩愈因此撰文为他们辩驳。张巡、许远是唐朝"安史之乱"死守睢阳的官员，最后弹尽粮绝，壮烈牺牲。韩愈在文章中批评唐朝官员多是"小人"，只会夸夸而谈，不愿意帮助真正为国家奉献的人。

美原本的意思是大羊，从美味之义渐渐转为美善，所以袁枚将"君子成人之美"的"美"理解为美味。他在《随园食单》里写道，每一种食物都有独特的味道，不可相提并论，而所谓"君子成人之美"，就是君子喜欢品尝食物真正的美味。当然，这只是有趣的"别解"。

"君子成人之美"后来常引用于成全别人的爱情，尤其是三角恋爱，退出者成全另外两人，被认为是一个人尤其是男子汉高尚情怀的表现。著名的哲学家、逻辑学家及教育家金岳霖，就曾与好友梁思成同时爱上才女林徽因，林徽因也告诉梁思成："我苦恼极了，因为我同时爱上了两个人，不知道怎么办才好？"

最后，金岳霖认为梁思成比自己更爱林徽因，而他不能伤害一个真正爱她的人，因此退出了这段三角关系，终生未娶。这"君子成人之美"的坦荡情操，让三人依旧维持好友关系，在学问上相互砥砺，金岳霖对待梁、林的儿女如己出，小两口吵架时，还会找他当调解人呢！

忠告而善道之，不可则止

名句的诞生

子贡问友[1]。子曰："忠告[2]而善道[3]之，不可则止，无自辱[4]焉。"

——颜渊·二十三

完全读懂名句

1. 友：指交友之道。2. 忠告：劝告朋友何谓是非对错。3. 道：同"导"，开导。善道，以善劝导。4. 自辱：自己招致侮辱上身。

子贡问孔子交友之道。孔子回答说："朋友如有不对的地方，应该诚心地给予忠告，委婉地开导他；如果朋友不能听从，就要停止劝告，不要自取其辱。"

名句的故事

　　子贡在孔子众多弟子中算是人缘很好的，即使如此，他仍有一些缺点。《史记·仲尼弟子列传》记载，子贡"喜扬人之美，不能匿人之过"，即是他喜欢赞扬别人的优点，却也常常大肆批评别人的过错。

　　孔子去世后，鲁哀公前来致哀，子贡就忍不住大声批评："老师活着的时候，你不好好重用他，现在他人死了，你才来说一些给死人的颂词，这算哪门子的礼！"（"生不能用，死而诔之，非礼也！"《左传·哀公十六年》）

　　或许正因为子贡这种咄咄不饶人的个性，孔子才特别提醒说："朋友如果有不对的地方，应该诚心地给予忠告，委婉地加以开导；如果朋友不能听从，就要立刻停止，若仍咄咄逼人，那反而是自取其辱了。"

　　子贡的缺点，恐怕也是许多人的毛病——"得理不饶人"。"不饶人"往往会让原本的善意，变得面目全非。"不可则止，无自辱焉"，可说是处理人际关系非常细致的方式。

历久弥新说名句

　　在古代，水患一直是个让为政者非常头痛的问题。春秋时期，谷、洛二水又泛滥成灾，连王宫也受到洪水的威胁。周灵王准备采用围堵的方法，年仅 14 岁的太子晋听到后，则马上大声反对说："不可。"并以禹的父亲鲧用围堵的方法，导致治水失败的教训批评了一番。

或许是太子晋的批评过于尖刻，让周灵王面子挂不住，他在大怒之下，废黜太子晋。太子非常难过，不到三年就抑郁而终。

历史上，许多为政者无法接受他人的批评，刚愎自用。唐太宗深谙此点，特别订定一项制度，鼓励大臣们提出批评。

唐太宗能容纳谏言到什么样的程度呢？据说有一天，太宗想去终南山打猎。大臣魏征知道后，就跑到宫门口等候，想要劝阻太宗。可是等了半天，却不见太宗人影，只好跑进宫里。只见太宗全副猎装端坐在那里，一动也不动。魏征一边感到奇怪，一边硬着头皮问道："听说陛下要去终南山打猎，怎么还没出发呢？"太宗笑着说："我本来是要去的！但我想你一定会来劝阻我，所以我决定不去了，你放心地回家去吧！"魏征这才笑眯眯地离开。

梁实秋先生看到孔子写的"忠告善道"的名句时，也不禁感叹："规劝乃是朋友中间应有之义，但是谈何容易。"（《谈友谊》）无怪乎孔子会主张要执之中庸，"不可则止"，一味的批评不但无法治病利行，反而会适得其反。

善者好之，其不善者恶之

名句的诞生

子贡问曰："乡人¹皆好²之，何如？"子曰："未可也。""乡人皆恶³之，何如？"子曰："未可也。不如乡人之善者好之，其不善者恶之。"

——子路·二十四

完全读懂名句

1. 乡人：乡里的人。2. 好：喜爱，赞扬。3. 恶：憎恨，厌恶。

子贡问说："如果乡里的人都喜欢他，这个人怎样？"孔子说："还不能说他是个好人。"子贡又问："如果乡里的人都讨厌他，这个人怎样？"孔子说："还不能说他是个坏人。倒不如乡里的好人都喜欢他、敬重他；乡里的坏人都厌恶他，他才是真正的好人。"

名句的故事

在孔子的弟子中，子贡（端木赐）和大白天睡觉的宰予同被归为言语类的人物，意指他们有口齿便给的长才。当年，孔子一行人被困在陈蔡之途时，孔子就是派遣子贡当使者，前往楚国讨救兵。口才好自然有利于处理外交事务，与人交际。

根据记载子贡的人缘非常好，到底好到什么程度呢？不少认识子贡的人甚至认为子贡比孔子更优秀。姑且不论子贡是否真有可能比孔子优秀，但由此至少可以知道一点，说这些话的人肯定非常称许、喜欢子贡。

子贡的好人缘，也是经过他后天努力学习、经营得来的。本篇就是子贡向孔子请教，究竟怎样才称得上是个好人。子贡问："难道众人都喜欢的人，就是好人吗？"孔子回答："未必。"子贡又问："那么难道众人都讨厌的人，就是坏人吗？"孔子又回答："那也不一定。真正的好人应该是，好人喜欢而坏人讨厌的人。"不知子贡听完这番话，是否紧张地马上计算一下，喜欢自己的人当中有多少好人，多少坏人呢？

历久弥新说名句

由本篇"如何分辨好人与坏人"，我们可以发现孔子重"质"更甚于"量"，也就是说，他并不以赞成人数的多寡来做判定。

这似乎与现代社会的民主制度，以投票人数多寡来作决定的方式不同。现代民主制度重"量"不重"质"的结果，有时就会出现黑帮大哥成为首席"立委"的荒谬现象。

孔子不赞成以人头数作为唯一评量的判准，清代《幽梦影》中有一篇《官声与花案》，也传达相似的看法。其中谈到如何判断官员的好坏，有两种人的评鉴肯定不能听，一种是有钱的人（豪门望族），另一种是没钱的人（寒乞人士）。前者希望做官的顺他们的意、讨好他们，因此凡是听话的就是好官；而后者，则是希望拍官员的马屁、讨好官员，因此，也只会说一种话，那就是好话。（"官声采于誉论，豪右之口，与寒乞之口，俱不得其真。"）

道家判断好人坏人的看法，似乎又跟儒家不同，明太祖朱元璋在注释老子的《道德经》时，就曾经感到迷惑，明明孔子教导"不如乡人之善者好之；其不善者恶之，于斯人可取"，但是，为什么老子却说："善者吾善之，不善者吾亦善之。"（好人我会对他好，坏人我也还是一样对他好。）道家的看法是玄妙了点，究竟好人与坏人要如何去分辨、面对呢？或许你有独特的第三种看法！看来，凡是与人有关的事情都是没有标准答案的！

以直报怨，以德报德

名句的诞生

　　或曰："以德报怨，何如？"子曰："何以报德？以直¹报怨，以德报德。"

——宪问·三十六

完全读懂名句

　　1. 直：公正、正义。

　　有人问孔子："用恩惠来回报怨恨，怎么样？"孔子反问道："那么拿什么来回报恩惠呢？应该要以公正来对待仇怨，用恩德去回报恩德。"

名句的故事

　　"以德报怨"这句话当是出自老子之语，《道德经》第六十三章记载"报怨以德",要用恩惠去化解、回报仇怨。孔子对于"以德报怨"这个问题的答复是:"以直报怨,以德报德。"孔子所说的"直"有审判、裁决的意思,无为而治的老子却是用我们人格中的德性,来处理所发生怨恨的事情。

朱熹在《论语集注》中很推崇孔子的这个见解,他说:"于其所怨者,爱憎取舍,一以至公而无私,所谓直也。"直就是一种公平的态度,是非善恶分明;用"直"去回报仇怨,就是用公正的态度去解决仇怨,对双方才公平。换句话说,这个"直"的含义,也包括用公平合理的方式给予对方惩罚,但绝对不是演变成"以牙还牙、以眼还眼"的局面。

历久弥新说名句

《诗经·大雅》中有:"投我以桃,报之以李。"你送我桃子,我回赠你李子。《诗经·卫风》也说:"投我以木桃,报之以琼瑶。"琼瑶指的是美玉。可见"回报"这个观念历史悠久,也反映出上古社会人与人之间纯朴和谐的处事方式。

《新唐书·娄师德传》记载,娄师德的弟弟将前往代州做官,娄师德教导弟弟要学会忍耐,他的弟弟说:"人有唾面,洁之乃已。"意思是说,如果有人对他吐口水,他就自己擦干。娄师德却反驳:"未也。洁之,是违其怒,正使自干耳。"娄师德居然不同意弟弟的看法,他认为如果擦干,对方会生气,应该要让口水自己干掉。这个"唾面自干"的故事还谈不上是以德报怨,比较像是息事宁人。

涉及政治、法律等层面，往往会有从怨、从德的问题。所以，孔子主张"以直报怨，以德报德"，谈的就是统治的艺术，讲求公平性、中庸之道，例如"君使臣以礼，臣事君以忠"（《八佾·十九》），就是一种君臣之间相互公平的回报。老子在《道德经》第七十九章主张："和大怨，必有余怨，安可以为善？"意思是说，即使天大的仇怨都化解了，人民心中还是会留有一些余恨，这怎么能算是妥善的办法呢？所以老子认为，最好不要使人民结怨。孔子是公平去处理发生的问题，老子则是避免怨恨的发生。

谈到"报"就不能不提宗教观点。索甲仁波切在《西藏生死书》中谈到："业是一种自然而公正的过程。""佛法告诉我们，如果不在这一世为自己负起一切责任，我们的痛苦将不只是持续己世而已，还将持续千千万万世。"在佛教中，业就是指有意志的行为，包括身体、言语和心识等三业，必须由人自己负责，而从怨、从德，人都是有"选择权"的。为了避免"冤冤相报何时了"，宗教鼓励人要从德，唤起自己慈悲的智能，去化解怨仇，让业的力量往正向发展。

温故而知新

——学习求知

学而时习之，不亦说乎

名句的诞生

　　子曰："学而时习之，不亦说[1]乎？有朋自远方来，不亦乐乎？人不知而不愠[2]，不亦君子乎？"

——学而·一

完全读懂名句

　　1. 说：同"悦"，高兴的意思。2. 愠：怨恨的意思。

　　孔子说："若能时时反复温习已求得的学问，不是很高兴吗？同道的朋友从远方而来，不是很令人欣喜吗？即使别人不知道我，也不会因此感到怨恨，这不就是一位修德有成的君子吗？"

名句的故事

　　孔子人生最大的乐趣，便在于学习与教学，《论语》第一篇

《学而》的第一章，就强调努力学习的重要性。此外《孟子·公孙丑》也提到孔子曾说："圣则吾不能，我学不厌而教不倦也。"表示学习与教学是他永不厌倦的两件事。在《公冶长·二十八》中则说："十室之邑，必有忠信如丘者焉，不如丘之好学也。"孔子认为到处都有像他这般忠信的人，但要找到和他一样好学的人，那就很少了。

关于孔子谈论学习经验的篇章，在《论语》全书中可说俯拾即是，例如《为政·四》中，孔子说他"十有五而志于学"，在《述而·十八》更提到，自己"发愤忘食，乐以忘忧，不知老之将至"，因为喜欢读书，常忘记吃饭、睡觉，甚至连自己快老了也不知道。

后世有学者认为，《论语》的编纂者将《学而》篇列为诸篇之首，便是要强调"学习"是《论语》的根本，其用心可谓深远。历代儒家也常引申这段话，宋朝的程颐便解释，学的人要实行其所学，习的人不断在脑海中寻绎，如此就能心生愉悦。

历久弥新说名句

孔子说"学而时习之"，明朝东林党人顾宪成则有名句："风声、雨声、读书声，声声入耳；家事、国事、天下事，事事关心。"这两句话原为顾宪成青年时期所写的对联，后来成为东林书院高悬的院训，表达读书应不忘关怀社会的理想，而顾宪成带领东林人士讽议朝政、评论官吏、匡正时弊，可说是这两句话的最佳实践者。

此外，父母、师长劝子弟读书，常把"开卷有益"挂在口头上。宋太宗在位时曾命臣子编纂一部大型百科全书《太平总类》，宋太宗非常关心这本书的进度，每天都要亲自阅读三卷，有时因国事繁忙来不及，次日一定补上，因此此书后改名为《太平御览》。有臣子觉得皇帝日理万机、政务繁忙，又要每天读这本大书，劝他少看一些，宋太宗回答说："开卷有益，朕不以为劳也。"风行草偃，宋太宗喜欢读书，臣子纷纷效法，就连读书不多的宰相赵普也勤读《论语》，他曾对宋太宗说："臣有《论语》一部，以半部佐太祖定天下，以半部佐陛下致太平。"也因此有了"半部《论语》治天下"的说法流传后世。

西方说"Leader is Reader"，宋太宗称得上是一范例。

行有余力，则以学文

名句的诞生

子曰："弟子[1]入[2]则孝，出[3]则弟[4]，谨而信[5]，泛爱众[6]，而亲仁。行有余力，则以学文[7]。"

——学而·六

完全读懂名句

1. 弟子：指后生晚辈。2. 入：指在家的时候。3. 出：指出门在外。4. 弟：友爱兄弟姊妹。5. 谨而信：遵循常道而行，有信用。6. 泛爱众：泛，广博。众，指众人。7. 文：指诗书六艺之文。

孔子说："青年人在家要讲求孝道，出外要友爱兄长，行为谨慎而说话信实，普遍关怀他人，并接近有仁德的人，做好这些事之后有余力，再努力学习书本上的知识。"

名句的故事

针对"行有余力，则以学文"，朱熹认为学文可将修德从私转向公，如果有余力却不学文，不知道古代圣贤的智能，容易流于粗俗。

也有学者认为，从这段话可看出孔子十分重视学与行的结合，"行"指的是修行孝、弟、信、爱等德行，《论语》将这些列入《学而》，提醒学子勿为学而忘行。

孔子认为一个人先要做到孝、弟、信、爱之后，才去学习诗书六艺。在《孝经》里，孔子更把"孝"提高到了"至德要道"的高度，他说："夫孝，德之本也，教之所由生也。"即孝是道德与教育的根本，又说："天地之性，人为贵；人之行，莫大于孝。"天地间最可贵的便是孝道。

孔子的弟子闵子骞，当是这段话的最佳范例，他以孝行著称，并向孔子学文。闵子骞原有兄弟二人，后来母亲过世、父亲再娶，后母又生了两个弟弟。然而后母却虐待闵子骞兄弟，父亲知道后要将她逐出家门，经闵子骞劝阻才留下。后母受到感动，视子骞兄弟如同己出。

历久弥新说名句

做到"孝亲"与"学文"，黄庭坚绝对是必提的人物。黄庭坚诗书画号称"三绝"，与当时的苏东坡齐名，人称"苏黄"。宋哲宗元祐年间，黄庭坚当到了太史，但他自幼孝顺，不因当了大官，就改变对母亲的孝心，每天晚上都亲自为母亲洗涤大小便用的马桶，正是"贵显闻天下，平生事孝亲，不辞常涤溺，焉用婢生嗔"。史称"涤亲溺器"，名列二十四孝之一。

林语堂在《人生的盛宴》中，批评世人忘记了孔子先学做人后学文的教诲。他首先写道："好像古来文人就有一些特别坏脾气，特别颓唐，特别放浪，特别傲慢，特别矜夸。因为向来有寒士之名，所以寒士二字甚有诗意，以寒穷傲人，不然便是文人应懒，什么'生性疏慵'，听来甚好，所以想做文人的人，未学为文，先学懒。"

林语堂又写道："大概因为文人一身傲骨，自命太高，把做文与做人两事分开，又把孔夫子的道理倒栽，不是行有余力，则以学文，而是既然能文，便可不顾细行。……我想行字是第一，文字在其次。行如吃饭，文如吃点心。单吃点心不吃饭是不行的。现代人的毛病就是把点心当饭吃。"

林语堂"主张文人亦应规规矩矩做人"，强调文人必须先戒除种种恶习，才能够写文章告诉他人世间的道理，否则只是空谈。

温故而知新，可以为师矣

名句的诞生

子曰："温故[1]而知新[2]，可以为师矣。"

——为政·十一

完全读懂名句

1. 温故：复习所知道的事物。2. 知新：领悟新知。

孔子说："能从温习旧知中开悟新知，就可以当老师了。"

名句的故事

朱熹针对孔子这段话的解释，历代以来皆被视为经典。朱熹指出此章宗旨在于，如果能够时常复习过去的知识，并有心得感触，那么所学都是自己的，且能灵活运用到其他方面，因此可以当别人的老师。如果只是死记硬背过去所学，那么所知必定有限，便"不足以为人师"。

孔子本身就是"温故知新"的最佳楷模，他整理六经，都属于从传统中创新的工作。例如，孔子虽然强调恢复周礼，仰慕制礼作乐的周公，但实际上，他所讲的礼已经与原来的周礼不尽相同，他整理周礼并赋予传统新的价值与意义，例如"克己复礼为仁"的观念，已与强调祭祀鬼神的周礼有所出入，可说是孔子的划时代贡献。

孔子温故但能知新，所以不拘泥，思想反倒走在时代的前端，因此孟子才会称赞他是"圣之时者也"。

历久弥新说名句

作家龙应台曾告诉大学生，她每隔两年便要重读一次《庄子》，每次都会让她对生活、工作有新的认识与理解，而重读《韩非子》，常常惊觉自己想要表达的，韩非子在两千多年前便已写过。

而学者李泽厚与日本小说家井上靖，都在中老年之后重读《论语》，李泽厚发表《论语今读》，井上靖创作《孔子》，都让他们的事业更上层楼。

与"温故知新"相反的，则是食古不化，有人称之为"冬烘先生"或是"两脚书橱"，在西方是"有学问的笨伯"，而尼采则说这种人"离开了书本，便不会自己思考"。

历史上有同时具备改革创新与食古不化的矛盾人物，战国时代的赵武灵王即一例，他被后世的梁启超称为"黄帝后第一伟人"。

赵武灵王提倡"胡服骑射"，下令赵国军队抛弃不便作战的长袍，而改穿能在马上敏捷作战的胡服，当时此举震惊了中原各国。

开始时赵国臣子皆以"循法无过，修礼无邪"，即认为遵循古法绝对不会有错为理由，强加反对。然而，赵军进行改革后战无不胜，使原先赢弱的赵国一跃成为超级强国，各国纷纷起而效法。

为了思索攻打秦国的方法，赵武灵王将王位传给次子赵惠文王，惠文王将赵国管理得有条不紊。

但赵武灵王却囿于礼法，因未将王位传给大儿子而耿耿于怀，因此想分出一些领地给他，结果大儿子起兵作乱，赵武灵王被困于宫中三个月，最后竟活活饿死。

根据"温故知新"的解释，运用到现代可分为两个层次，一是阅读经典，二是重读自己过去曾经读过的书，后者能从新发现中找到可喜的收获。

学而不思则罔，思而不学则殆

名句的诞生

子曰："学而不思则罔[1]，思而不学则殆[2]。"

——为政·十五

完全读懂名句

1. 罔：茫然无知的样子。2. 殆：一为危殆，迟疑不能肯定；二是疲殆，精神倦怠，一无所得。

孔子说："如果只知读书学习，却不加思考，那么就会茫然无知，没有任何收获；如果只是空想而不知学习，那么就不能肯定所想而会有疑惑不安了。"

名句的故事

近代学者杨树达在其所著《论语疏证》中表示，这一章可与《为政·十一》的"温故而知新，可以为师矣"相互印证。他认为"温故而不能知新者，学而不思也；不温故而欲知新者，思而不学也"，即温习过去所学却没有新的启发，原因就是学而不思；不温习过去所学就想得到新知，就是思而不学。

孔子首先提倡学习与思考并重，对孔门弟子影响甚大。《论语》里还有两段关于学与思的章节，一是孔子在《卫灵公·三十》说："吾尝终日不食，终夜不寝，以思，无益，不如学也。"孔子自称曾经整天不吃不睡，只是思考，结果连一点进步也没有，还不如去学习。另一段是在《子张·六》中，子夏说："博学而笃志，切问而近思，仁在其中矣。"一般称为"博学近思"，即博学而志向坚定，有质疑的精神，有问题就研究清楚，从浅近处思索推敲，仁德就在其中。

中国上海复旦大学的校训便是这句"博学而笃志，切问而近思"。

历久弥新说名句

不止孔子认为学习与独立思考要并重，希腊哲学家苏格拉底也曾说过："知识不是传授的，而是靠领悟，真正领悟的知识，才能为自己所拥有。"

西方哲学史中，关于思考的名言还有，笛卡儿的"我思故我在"与巴斯卡的"人是会思想的芦苇"。

笛卡儿提出"我思故我在"作为哲学不可怀疑的基础，是在他从法国移居荷兰之后，当时怀疑主义盛行，蒙田等人提倡"无限后退的怀疑论"，就是不管别人提出什么论调皆加以怀疑，以致理性的力量式微。

"我思故我在"要反击"无限后退的怀疑论"，它的立论基础是："就算你无限后退在怀疑，但不可怀疑的是，你正在思考吧！"所以，思考与思考的主体都确确实实存在着。因此，笛卡儿称"我思故我在"是不能怀疑的第一定理。

"人是会思想的芦苇"出自巴斯卡的散文哲学著作《沉思录》，书中提到："人是大自然中最脆弱的芦苇，但人是一枝会思想的芦苇。"

巴斯卡在哲学、数学、物理学领域都有卓越不凡的成就，但却因身体虚弱，长期患有严重的头痛，三十九岁便撒手人寰，他对人的脆弱有深刻的感受。"人是会思想的芦苇"所传达的讯息是，人虽然脆弱如芦苇，但是独立的思想能够让人坚强地面对一切，这句话同时也意味着，不会独立思考的人才真如芦苇般弱不禁风，随风飘摇了。

敏而好学，不耻下问

名句的诞生

子贡问曰："孔文子[1]何以谓之'文'[2]也?"子曰："敏[3]而好学，不耻下问[4]，是以谓之文也。"

——公冶长·十五

完全读懂名句

1. 孔文子：即卫国大夫孔圉，十分谦虚好学。他死后，卫国国君为发扬他好学的精神，赐"文"的谥号，世人尊称他为"孔文子"。2. 文：彰显勤学好问的谥号。谥号是人一生言行的总结，通常取优点来表彰。3. 敏：疾速。4. 下问：以能问于不能，以多问于寡，以上问于下，都可称为"下问"。

子贡请教说："孔文子为何可以得到'文'的谥号?"孔子回答说："他聪明又爱好学习，并且不视放下身段向人请教是件可耻的事，所以死后才能得到'文'的谥号。"

名句的故事

孔文子是卫国的权臣，也是孔子与弟子们在卫国时最常接触的大官，后来子路还当了他的家臣。但是根据《左传》记载，他的品德相当有问题，子贡认为此人并不足道，所以对于他得到谥号"文"颇感不解，才会这样问孔子。

在《左传》中记载，孔文子逼迫太叔疾娶了自己的女儿，然而太叔疾喜欢的却是前妻的妹妹，并把她也娶了过来。孔文子相当生气，打算派兵攻打太叔疾。为求得胜，孔文子特地请孔子指点军事部署，而孔子不肯出谋划策，甚至想离开卫国。孔文子得到消息后，连忙赶来赔礼道歉、苦苦挽留，孔子才没有立刻出走。

朱熹解释，凡人只要是天性敏锐或是位高权重多半不好学，并以求教他人为耻。依据谥法，便将"勤学好问"称为"文"，其实要做到这点也不简单，孔圉得到"文"的谥号，也就是基于这个原因。

此外《述而·二十四》提到："子以四教：文、行、忠、信。""文"居于四教首位，但这并不代表"文"的重要性高于"行、忠、信"。从孔文子身上可以看到，有"文"者未必皆具备"行、忠、信"。

历久弥新说名句

许多人可以轻松做到"敏而好学"，但要能"不耻下问"往往需要较高的 EQ。在现代，孔子这段话可引申为，不管什么行业、学历高低、经历多寡，其他人一定有自己不懂、不知道的技能，正如韩愈在《师说》中所言："闻道有先后，术业有专攻。"要抛开身份地位的束缚，不以向他人讨教为耻，才能有所长进。

撰写《本草纲目》明朝的医学家李时珍，便可称得上因"不耻下问"成就了非凡事业的典范。李时珍长期行医，发现过去的医书谬误颇多，因此发愿进行重新整理与补充，为此他"渔猎群书，搜罗百氏"，把找得到的医书都拿来研读，并考辨异同，甚至"读书十年，不出户庭"，用功到了十年都没有离开家的地步。

读完所有医书后，李时珍决定亲自查访各种民间药材，足迹遍及大江南北，他虚心拜农民、渔夫、樵夫、捕蛇者为师，甚至冒着生命危险仿效"神农尝百草"，并实地了解各种药草生长与分布的情况，经过 30 年写下了数百万字的笔记，终于整理出医学巨著《本草纲目》。

知之者不如好之者，
好之者不如乐之者

名句的诞生

子曰："知之[1]者不如好之[2]者，好之者不如乐之[3]者。"

——雍也·十八

完全读懂名句

1. 知之：指了解。2. 好之：内心喜爱，而未能有所得。这是由知而行的开始。3. 乐之：深深喜爱并且乐在其中，把"应该"去做的转化成"自然"去做。

孔子说："了解一种学问或道理的人，比不上进一步喜爱这个道理的人；而喜爱这个道理的人，又比不上更进一步乐在其中的人。"

名句的故事

孔子在此章将学习的层次，分为知之、好之、乐之等三个循序渐进的阶段，并认为知之不如好之、好之不如乐之。

宋朝儒者张敬夫有个妙喻，他将学习比拟为饮食，知之者知道五谷可以充饥，好之者是吃了五谷之后喜欢那味道，乐之者是喜欢吃它而且常常吃到饱足满意。知之者不一定好之，好之者又不一定能乐之。而未达到乐之境界的好之者，就是喜好的程度还不够。

孔子一生在政治上不得志，他最大的乐趣在于学习与教学。他除了在此章讨论读书之乐外，在《学而·一》讲过："学而时习之，不亦说乎"，在《述而·十八》说："其为人也，发愤忘食，乐以忘忧，不知老之将至云尔"，以及《述而·十五》中有："饭疏食饮水，曲肱而枕之，乐亦在其中矣"，可见孔子对学习的热爱。

孔子不但自己从学习中得到乐趣，还能循循善诱，激发学生的学习兴趣，颜渊在《子罕·十》便见证说："夫子循循然善诱人，博我以文，约我以礼。欲罢不能，既竭吾才，如有所立卓尔；虽欲从之，末由也已！"在对于孔子学问道德博大精深的赞叹中，颜渊也传达了一项讯息：学习是美不胜收、收获无穷的，也因此他"欲罢不能"啊！

历久弥新说名句

孔子此章的说法接近"寓教于乐"的教学法，西谚中有言："兴趣是最好的老师。"而美国当代知名的心理学家与教育学家布鲁纳（Jerome S. Bruner）就曾指出："学习的最好刺激，乃是对所学材料的兴趣。"

孔子此章也被许多人视为座右铭，香港明河社重新出版全套港版金庸小说时，金庸题字的书签便是"知之者不如好之者，好之者不如乐之者"。武侠小说作家也深知其书迷抱持着好之乐之，而非仅知之的态度阅读他的作品。

1922年，梁启超曾以"趣味教育与教育趣味"为题进行演讲，可说是《论语》此章的最佳诠释。梁启超告诉听众："假如有人问我，你信仰的什么主义？我便答道，我信仰的是'趣味主义'。有人问我，你的人生观拿什么做根底？我便答道，拿趣味做根底。我生平对于自己所做的事，总是做得津津有味，而且兴会淋漓，什么悲观咧，厌世咧，这种字眼，我所用的字典里头，可以说完全没有。我所做的事常常失败，但我不仅从成功里感到趣味，就是在失败里也感到趣味。"

梁启超演讲中最值得现代人思考的，便是从"失败中感到趣味"，因为唯有如此，才能超越失败，虽败但犹荣。

自行束修以上，吾未尝无诲焉

名句的诞生

子曰："自行束修[1] 以上，吾未尝[2] 无诲[3] 焉。"

——述而·七

完全读懂名句

1. 束修：修是干脯，十脡为一束，束修为十脡干脯。2. 未尝：不曾，从来没有。3. 诲：教诲。

孔子说："凡是带着十脡干脯为礼来求见的，我从来没有不加以教诲的。"

名句的故事

此章的"自行束修以上"，各家解释不同，迄今莫衷一是，但共同的交集是孔子旨在说明自己有教无类，收学生不分贫富

201

贵贱。

宋代朱熹解释束修就是干脯，古人见面时会互相送礼，而束修是最薄的礼，孔子作风"与人为善"，因此只要是遵循礼法来求学，他从没有拒绝过。

当代学者傅佩荣引郑玄的注解，以及《后汉书·延笃传》的李贤注，认为束修原义虽是干脯，但"行束修"指的是年龄，与干脯无关。他并依据《周礼·秋官司寇》的说法，古人说"自……以上"的语句，皆指数字的增加。所以此章讲有教无类，与薄礼、学费、敬意、诚心等无关，而是强调孔子身为老师的心愿，且这句的意思是："自十五岁以上的人，我没有不予以教诲的。"

孔子年轻时原本就是穷学生，曾经守过仓库，而三千弟子中，有富有的子贡，但子路、颜回、曾参都很贫穷。子路家贫，只能吃玉米、薯类充饥，颜回"一箪食，一瓢饮"，更是一穷二白，曾参穿着破衣服自耕自食，鲁国君主主动要赠他一处封邑作为俸禄，但他不肯接受。由此可见，孔子不在意学生的贫富。

历久弥新说名句

此章的主旨在于"有教无类"，而孔子最伟大的贡献之一，便是将知识自贵族阶层传播至平民阶级。

不过"自行束修以上"引起的讨论历经两千年而不休，有人认为孔子可能不教诲未带束修者，没有完全做到教育不分宗族贵贱，不分阶级、地域或智愚的理想境界，称不上"有教无类"。有人认为"自行束修"是最基本的礼仪，孔子应该不会将有诚意而无礼品的求教者拒于门外。

当然，此章衍生出许多诠释，每种说法也各有其目的。例如孔子曾说过"肉食者鄙"，让很多人误会，以为吃肉是坏人，不过，孔子也说过，肉不切正或处理方式不当就不吃。所以便有人依"束修"这句话，推断孔子是喜欢吃肉的。至于孔子到底爱不爱吃肉，仍是历史谜题。

此外，也有人将学生带束修前来，解释为孔子兴学的经费。教育机关常引用此章，说明连孔子都不是办慈善事业，何况是他们。而学生团体会引用此章，表示孔子采取的是低学费政策，收取高学费的学校应当见贤思齐。

还有不少私立学校在面对学生家长多元升学与高学费的批评时，便以孔子虽有教无类，但束修仍然不可免为申辩理由。补教业更说孔子是中国第一位补习班的创立者，束修就是补习费，否则孔子如何维生，总不能"喝西北风"吧！

其实，束修只是礼的象征，只要遵礼来学，孔子都不会拒绝的。

述而不作，信而好古

名句的诞生

子曰："述而不作[1]，信而好古[2]，窃比[3]于我老彭[4]。"

——述而·一

完全读懂名句

1. 述而不作：述，传述旧闻。作，创始，创作。2. 信而好古：喜欢古人且相信古人的言论事迹。3. 窃比：私自比拟。4. 老彭：商代的贤大夫，其名见《大戴礼》，不过有学者认为老彭是两个人，老是老聃，彭是彭祖。

孔子说："我只传述而不创作，对于古代文化既相信又爱好，私底下我觉得自己很像商代的老彭！"

名句的故事

根据《汉书·儒林传》，孔子看遍了他那个时代的典籍，他整理《诗经》、《尚书》、《礼记》、《易经》、《乐经》、《春秋》等六经，因为这些都是古代贤人的教诲，所以他说自己"述而不作，信而好古"。

朱熹认为"创作并非孔子所不能"，只不过整理六经都是讲述古代贤王的道理，因此比较没有创作的空间。尽管孔子做的只是传述的工作，但可说是集古人之大成，并且折中归纳，其功劳数倍于创作。

六经中除了《乐经》已经散佚，其他五经都是历代读书人诵读并奉行的圭臬。《诗经》是中国最早的诗经总集，是孔子为了教导弟子所删定的，原有三千首，孔子将其删为三百，选诗的重要标准就是"思无邪"（《为政·二》）。《礼记》是孔子阐述周礼意义与功能的文献集。《尚书》原为中国最早的史书，孔子努力搜集夏、商、周的历史文献，按照时间顺序重新编撰，上自尧舜，下至秦穆公。

孔子还为《易经》作了注释，更从维护周礼的角度出发，重新整理鲁国的史书《春秋》，文字中寓意褒贬，记录评价历史中的人事，后世把这种写法叫做"春秋笔法"。孟子说："孔子成《春秋》，而乱臣贼子惧。"也就是指孔子修改《春秋》，乱臣贼子都害怕孔子史笔如刀，他们因此要遗臭万年了！

历久弥新说名句

"述而不作"后被引申为忠实记录、不扭曲他人言语，某些职业例如编辑、记者、传记作者、历史学家，都应该有此职业道德。孔子也被认为是编辑的祖师爷，以及将夏、商、周三代史料加以整理传之后人的历史学家。

不过有学者认为，孔子的"信而好古"充满着"以古非今"的色彩，导致后世重守成而轻创新，只在经典的旧书篓里努力注释与考据。从西汉末年的王莽到清朝末年康有为，甚至当代的新儒家，都无法完全摆脱这种"信而好古"的拘束。

在近代，以"信而好古"著称的名人，以清末"狂儒"辜鸿铭最为奇特。辜鸿铭出生在马来西亚槟城，当时为英国殖民地，父亲是中国人，母亲为葡萄牙人。他先后留学于美、法、德等国，在英国爱丁堡大学取得文学硕士、德国莱比锡大学获得土木工程学博士，堪称通古博今。完成学业后，他在新加坡语言学家马建忠建议下，来到父亲的祖国中国，曾在外务部任职，他精研苦读汉学，自号"汉滨读易者"。他概括形容自己的经历是：生在南洋，学在西洋，婚在东洋，仕在北洋，他还刻有一枚"东西南北老人"的图章呢！

辜鸿铭堪称捍卫中华文化的急先锋，他给祖先磕头，外国人嘲笑他说："这样做，你的祖先就能吃到供桌上的饭菜吗？"他马上反唇相讥："你们在先人墓地摆上鲜花，他们就能闻到花的香味了吗？"

当时，西方诸国已比中国进步许多，辜鸿铭却仍称"四夷之邦"，在北京大学讲课时他曾对学生说："我们为什么要学英文诗呢？那是因为要你们学好英文后，把我们中国人做人的道理、温柔敦厚的诗教，去晓谕那些四夷之邦。"

　　辜鸿铭当然是个极端，相反的是，现代有不少人把古代讲得一文不值，其实也大可不必，西方著名的古典自由主义者海耶克（Friedrich A. Hayek）说过："传统是本能与理智之桥。"事实上，要述也要作，好古也要好今，才能够成为今之达人。

吾少也贱，故多能鄙事

名句的诞生

大宰[1] 问于子贡曰："夫子圣者与，何其多能也[2]？"子贡曰："固天纵[3] 之将圣[4]，又多能也。"子闻之曰："大宰知我乎！吾少也贱，故多能鄙[5] 事。君子多乎哉？不多也。"牢[6] 曰："子云：'吾不试[7]，故艺[8]。'"

——子罕·六

完全读懂名句

1. 大宰：官名，大即太，大宰即太宰。根据《左传》与《说苑》的说法，此太宰为吴国的太宰嚭。2. 夫子圣者与，何其多能也："圣"字在孔子之前所指相当广泛，而在孔子之后，儒家才开始称圣人为德之最高者。与，疑问语助词。多能：多才多艺。太宰如此问，是以多能者为圣。3. 纵：不加以限量的意思。4. 将圣：将，"大"的意思；将圣，即是"大圣"。5. 鄙：卑贱。6. 牢：孔子弟子，姓琴，名牢，字子开。7. 试：得到重用。

8. 艺：才能。

太宰问子贡："你们的老师是一位圣人吧？不然怎么竟有如此多的才干？"子贡回答说："这是天意要让他成为圣人，并且具有多方面的才干。"孔子听到这句话时说："太宰真的了解我吗？我因为年轻时贫贱，所以才学会了一些琐碎粗俗的技艺。君子需要具备很多才干吗？我想是不需要的。"牢说："老师曾经说，因为他没有被大用，所以才学得许多才能。"

名句的故事

孔子早年丧父，家道中落，根据《史记·孔子世家》记载，孔子年轻的时候贫且贱，十几岁时为了奉养寡母，不得不干些杂活。他曾经做过大夫季氏的家臣，职务是管理仓库，后来也放牧过牛羊，可说都是相当卑微的工作。不过，孔子并没有瞧不起这些工作，他管理仓库时账目清楚，放牧牛羊时牲畜肥壮，都做得相当认真。

朱熹认为孔子并没有以自己拥有多项才能而自傲，因为多能是额外的事，君子并不一定要如此。不过，"多能鄙事"成为古代耕读世家的基本修养。

在政治与学术上都有相当成就的曾国藩，写给儿子曾纪泽的信中，讲到祖父所留下的治家之法有四大要事，第一要早起，第二要打扫洁净，第三要诚修祭祀，第四要善待邻里。这四件事之外，对于读书、种菜等事尤其留心。曾国藩也说，他的信中老是提到"书、蔬、鱼、猪"，便是受家训所影响。

历久弥新说名句

"吾少也贱，故多能鄙事"，是许多白手起家者自励的话，有"将相本无种，男儿当自强"之意，有人延伸其义为不可轻视小事与杂事，因为大事业都由小事情做起，能从小处着手，才能完成大事。

"将相本无种，男儿当自强"，典出宋朝汪洙所写的《神童诗》，原诗文中有："朝为田舍郎，暮登天子堂。将相本无种，男儿当自强。"诗句相当浅白，说一个人早上还是在田里耕种的庄稼汉，到了晚上就登上了天子的殿堂。王侯将相原本就不是天生的，年轻人应当奋发自强。

"吾少也贱，故多能鄙事"与"将相本无种，男儿当自强"的最佳范例，自当是被称为"乞丐状元"的吕蒙正，他的生平常改编成戏曲。吕蒙正是北宋人，从小父母就过世了，被迫沦落街头乞讨为生，住在简陋的破窑里，经常吃了上顿没有下顿，处处遭人鄙视，但他没有放弃上进，后来中状元及第，并三度当上宰相。

他的故事被引为"贱极反贵"，他并写下了流传千古的《吕蒙正格言》，其中有："昔时也，余在洛阳，日投僧院，夜宿寒窑，布衣不能遮其体，淡粥不能充其饥；上人憎下人厌，皆言余之贱也！余曰：非吾贱也，乃时也运也命也！余及第登科，官至极品，位列三公，有趷百僚之杖，有斩鄙吝之剑；出则壮士执鞭，入则佳人捧袂；思衣则有绫罗锦缎，思食则有山珍海味，上人宠下人拥，人皆仰慕，言余之贵也。余曰：非吾贵也！乃时也运也命也！盖人生在世，富贵不能移，贫贱不可欺。此乃天地循环，终而复始者也！"吕蒙正描述了自己的遭遇，穷困的时候，衣不蔽体，食不充饥；显赫的时候，上人宠，下人拥。唉，非他之贱非他之贵，这是天地循环的道理，只不过世人目光短浅看不清。

"吾少也贱，故多能鄙事"，可以由家长向儿女说，要他们从家事做起；可以由上司跟部属说，希望他们不要眼高手低；可以由师长对毕业生说，勉励他们从基层做起，绝不可好高骛远，以为可以一步登天。

空空如也；我叩其两端而竭焉

名句的诞生

子曰："吾有知¹乎哉？无知也。有鄙夫²问于我，空空³如也；我叩⁴其两端⁵而竭⁶焉。"

——子罕·七

完全读懂名句

1. 知：知晓、知识、智能的意思。2. 鄙夫：这里指见识浅薄的人，亦可俗称粗人。3. 空空：形容虚心诚恳的样子。4. 叩：抓住、贴紧、推敲之意。5. 两端：这里指事情的正反两面。6. 竭：穷尽、尽力的意思。

孔子说："我有智能吗？我实在是没有啊！若有一个粗人来问我事情，他的态度那样诚恳，我会推敲他所提问题的正反两面，然后尽力详细地回答他。"

212

名句的故事

孔子说："吾有知乎哉？无知也。"这句话也可以解释为："我什么都知道吗？我没有啊！"此处孔子强调，每一个人不是一出生就什么都知道、什么都认识的，他也并非特别地有智能，他只是很努力地去学习、追求知识。这是孔子为学的谦虚态度。

"有鄙夫问于我，空空如也；我叩其两端而竭焉。"这里描述，当孔子面对一个新的问题、新的事物时，能够摒除已知的观点，透过对问题反复的征询与考量，再归结出答案，这个答案必定是客观的。当然，从中也可以看到孔子有教无类的精神，即使是一个鄙陋无知的人，仍是竭尽全力为他解惑。

孔子在出仕方面可以说是失败的，但是在教育方面却有很高的成就。上述之言，是孔子告诫弟子，求知不分阶级。孔门便有许多学生出身贫贱，如颜渊、闵子骞、子贡、子路等。此外，作为一个笃信好学的人，要抱持谦虚诚恳的态度，不可自视太高，正是"知之为知之，不知为不知，是知也"（《为政·十七》）。

历久弥新说名句

孔子首先放空自己，表示自己知道的并不是很多，然后虚心广纳各方的看法，再激荡出答案，这不禁令人想到"西方孔子"苏格拉底。苏格拉底哲学的起点就在于承认自己的无知。当"德尔斐神谕事件"发生后,他花费许多时间寻访当时雅典的社会名流,探讨神谕为什么说他是世界上最有智能的人。这位"街头哲学家"与他人互相问答后,得出一个结论,神谕的启示应该是说,他,苏格拉底,能够虚心承认自己的无知,对于知识有绝对诚实的态度,不像其他人会假装知道,因此具备了"无知之知",是世界上最有智能的人。而苏格拉底传世不朽的名言便是:"我知道,我一无所知。"孔老夫子的"无知也",正也具备了这种"无知之知"。

《他乡》(高毅、高煜译)一书描述已故当代英国自由主义哲学大师以赛亚·伯林(Isaiah Berlin)的一生,其中叙述年轻的柏林是这样想的:"我确实发现我并不像有些人那样优秀,但我并不介意。我没有什么抱负,不想出类拔萃。"谦虚只是表象,其实"健谈"的柏林很快地在谈话讨论当中汲取天南地北的知识,尔后"取人之长,补己之短"就成为柏林深厚学养的利器,他又何尝不是从"空空如也"开始做起呢!

终日不食，终夜不寝，
以思，无益，不如学也

名句的诞生

子曰："吾尝[1] 终日不食，终夜不寝[2]，以思，无益，不如学也。"

——卫灵公·三十

完全读懂名句

1. 尝：曾经。2. 寝：睡觉。

孔子说："我曾经整天不吃，整晚不睡，都在思考，但却没有任何益处，还不如脚踏实地去学习。"

名句的故事

朱熹认为，孔子本身并非思而不学的人，这段话是说来劝人学习的，因为光费心思索，并不如借由读书学习获取知识来得有效。此章可与《为政·十五》孔子所说的"学而不思则罔，思而不学则殆"，以及《季氏·九》中的"生而知之者，上也；学而知之者，次也；困而学之，又其次也；困而不学，民斯为下矣"，相互对照参考。

继孔子之后，能够与此章精神相呼应的有《荀子·劝学》，它已成为规劝弟子向学的千古词章。其中荀子写道："吾尝终日而思矣，不如须臾之所学也。吾尝跂而望矣，不如登高之博见也。"意思就是，虽然从早到晚都在思考，但所得却不如花一小段时间读书，这道理就像踮起脚跟向远方眺望，还不如登高所见来得广阔。荀子的结论是："君子生非异也，善假于物也。"君子不是生来就比别人优异，而是善于学习利用前人的智能，而方法无他，就是读书。

历久弥新说名句

关于读书的成语、名言，可说是多得不胜枚举。至于为何要读书这个问题，《说苑》作者西汉刘向的话堪称一语中的，他说："书犹药也，善读之可医愚。"书就是药，懂得读书可以医疗一种叫愚蠢的病。这种说法真是令人拍案叫绝！

刘向此语依据孟子所言："人皆知以食愈饥，莫知以学愈愚。"即人们都知道吃饭可以饱肚子，却不知道要读书才能避免愚蠢。这句话后世便称为"以学愈愚"。三国名将吕蒙原本为一介武夫，学问教养都不足，被人视为"老粗"，后来就因为勤读书而改头换面，文武兼备，堪称"以学愈愚"的最佳范例。

根据《资治通鉴》的记载，吕蒙幼年家贫失学，因此书信与奏章都是口述，请别人代拟，东吴领袖孙权便劝他多读书，他以军务繁忙、没时间读书为由借口。孙权说："我又不是要你当经学博士，而是要你读读书，知道历史曾发生过什么事而已。你说你军务繁忙，难道会比我还要忙吗？我小时候读过《诗经》、《尚书》、《礼记》、《左传》，遗憾没有读到《易经》，从政以来经常看兵书与史书，觉得获益良多。"

孙权继续规劝吕蒙："你很聪明，读了书一定能有长进，为什么还不赶快去读呢？最好把《孙子兵法》跟《左传》读一读。孔子说：'终日不食，终夜不寝，以思，无益，不如学也。'汉光武帝军务繁忙仍是手不释卷，曹操也自称老而好学，你为何不自我勉励呢！"

吕蒙听进了孙权的劝告，一有机会就勤读书，过了不久，连原本视他为大草包的文臣鲁肃，都称赞他"已非吴下阿蒙"。吕蒙则回答："士别三日，刮目相看。"可见读书能改变一个人的力量有多大啊！

诗，可以兴，可以观，可以群，可以怨

名句的诞生

　　子曰："小子[1]何莫学夫诗？诗，可以兴[2]，可以观[3]，可以群[4]，可以怨[5]。迩[6]之事父，远之事君。多识[7]于鸟兽草木之名。"

——阳货·九

完全读懂名句

　　1. 小子：弟子。2. 兴：感发志意。3. 观：考见得失、体察民情。4. 群：合群，这里指与人交往、应对进退的模式。5. 怨：这里指谴责批评、抒发忧怨。6. 迩：近处、眼前。7. 识：记。

　　孔子说："弟子们为什么不学诗呢？学诗，能够启迪人的心志，能够观察民情风俗、政治得失，能够教人应对进退、沟通情感，能够批评时事、抒发个人忧怨。就近处来看，可以运用其中的道理侍奉父母；就远处来看，可以辅佐国君；还能多记识一些草木鸟兽的名称。"

名句的故事

诗原本是古代社会对于生活体验的口头创作，有了文字以后才把它记录下来，有些还有配乐，甚至编成舞蹈。《诗经》有哪些内容呢？首先是"风"，是音乐曲调，所谓"国风"，指当时诸侯国的地方乐曲、民俗歌谣。其次是"雅"，是天子诸侯朝会宴飨时的歌颂，分为大雅、小雅。最后是"颂"，是庙堂之歌，内容多为歌颂祖先功德的祭祀歌词。

我们可以说，《诗经》是中国历史文化的记录者，举凡古代社会的民俗、风土、庆典、宗教、情爱、政治、哲学、文学、艺术等等，都可以在当中找到蛛丝马迹，而且透过诗歌的内容可以了解社会万象，增广见闻。因此，《诗经》在孔门中是非常重要的教材，正如孔子训诫儿子孔鲤所说的："不学诗，无以言。"（《季氏·十三》）而孔子在教学与问政上，就常常引用《诗经》的内容作为范例。

东汉郑玄《诗谱序》中说："论功颂德，所以将顺其美；刺过讥失，所以匡救其恶。"意即《诗经》中有评论君王的功绩、称扬君王的德政，后世可以学习这样的美德；《诗经》也会探究时弊、议论缺失，让人改正缺点。

历久弥新说名句

　　《毛诗序》中有这样一段颂词：“故正得失，动天地，感鬼神，莫近于诗。”《诗经》的内容评论政治社会得失，能感动到天地鬼神。此外，它还有陶冶性情的功能，梁·钟嵘的《诗品》写道：“使穷贱易安，幽居靡闷，莫尚于诗矣。”在贫穷清苦的时候，《诗经》能够让人得到心灵的安适，在静僻的时刻，也可以排解烦忧。所以，它不仅是古代事物的记录，还能抚慰人心。

　　古希腊哲学家亚里士多德，有著名的《诗学笺注》（姚一苇译注），便针对诗学进行深入浅出的探讨，在该书第九章谈到：“盖诗人之所以为诗人乃基于其作品中模拟特质之功能……如果一个诗人要自真实的历史中取材，仍无碍他成为一个真正的诗人，因为历史上发生之事件亦可以构成盖然和可能的美好的秩序……”诗的丰富性正源自于人性，人性具有无限的创造因子，除了从历史取材、现实取材，人还可以从梦想取材。西方对于诗歌的应用，情感的抒发层面多于政治社会的评论，和孔子的“兴观群怨”，实各有千秋。

君子固穷

——人生志向

吾十有五而志于学

名句的诞生

子曰："吾十有¹五而志于学，三十而立²，四十而不惑³，五十而知天命⁴，六十而耳顺⁵，七十而从心所欲，不踰矩⁶。"

——为政·四

完全读懂名句

1. 有：音义皆同"又"字。根据古文的句法，十有五，就是十五。2. 而立：有所成立，有所成就。3. 不惑：不困惑，不疑惑。4. 天命：上天的意志，命运，也引申为人生中一切当然的责任与道义。5. 耳顺：听到一个人说的话，便知道其微言大义，想要表达的是什么。6. 踰矩：矩是用来端正方形的工具，引申为法度、规矩。踰矩即逾越法度、规矩。

孔子说："我在 15 岁时，立志学习。到了 30 岁，已有所成立，建立起自我的价值观。40 岁时，对于一切事理，能通达不再迷惑。50 岁时，知晓自己所背负的天命。到了 60 岁，听到别人所说的话，完全清楚他所表达的意思，并分辨真假是非。到了 70 岁时，心里想什么便做什么，都不会违背法度规矩。"

名句的故事

根据东汉时代的史学家班固所著的《白虎通》，在周朝时，贵族的小孩八岁时入学，学习基础的礼乐知识与武艺，到了十五岁则进太学，学习处世为人、治理国家的道理。孔子志于学的年龄不算早，也不算晚。

司马迁在《史记·孔子世家》中描述了孔子的童年："孔子为儿嬉戏，常陈俎豆，设礼容。"俎、豆是古代祭祀时盛祭品的器皿，这句说明孔子童年时求知欲便相当强烈，常常演练礼仪来当游戏。

从本章内容来看，孔子说这些话时，年纪应当已经超过七十岁，距离七十三岁辞世不远，才会总结自己一生的学习过程，同时勉励弟子不断努力，并明确指出学习的进程、各个阶段，以及最高标准，即达到随心所欲而不逾矩的自由境界。

此章也被认为是历史上最精简的自传。明朝中期著名儒者顾宪成认为，孔子从十五志于学，到四十而不惑，可称为"修境"，是还在修行的阶段。五十知天命是"悟境"，已经领悟了世间的常理。到了七十随心所欲则为"证境"，进入印证真理的境界了。

历久弥新说名句

后世从《论语》此章衍生出对不同年龄的代称，例如 15 岁即"志学之年"，30 岁就是"而立之年"，40 岁为"不惑之年"，50 岁乃"知命之年"，60 岁即"耳顺之年"，70 岁是"从心之年"。

因为 15 岁被称为"志学之年"，因此直到清朝，"吾十有五而志于学"还常是年轻学子必写的作文题目。在《红楼梦》第八十四回中，就有一段贾宝玉写这篇作文的故事。不过聪明顽皮的贾宝玉并没有像其他人一般，写自己要追比孔子、从此用功读书，他写下"夫不志于学，人之常也"，表明不想读书乃是人之常情，所以不用太逼他。接着又写"圣人十五而志之，不亦难乎"，即连孔子都是 15 岁才志于学，由此可见读书不是件容易的事，所以他也可以晚一点再"志于学"了。

关于年龄的代称，孔子的这套说法在今天可说是相当普遍，但事实上不仅此一种。《礼记》中记载有："五十杖于家，六十杖于乡，七十杖于国，八十杖于朝。"即根据周礼，一个人到了 50 岁可在家挂拐杖，60 岁可在乡里间挂拐杖，70 岁可在诸侯前挂拐杖，80 岁则可以在天子的朝廷中挂拐杖。于是由此便衍生出了"杖家之年"、"杖乡之年"、"杖国之年"与"杖朝之年"，分别代表着 50 岁、60 岁、70 岁与

80 岁。

此外，因有"人生七十古来稀"之说，70 岁又称古稀之年，不过随着社会高龄化的发展，将来古稀之年的岁数可能会继续往上攀升吧！

君子固穷，小人穷斯滥矣

名句的诞生

卫灵公问陈¹于孔子。孔子对曰："俎豆²之事，则尝³闻之矣；军旅之事⁴，未之学也。"明日遂行。在陈绝粮⁵。从者病，莫能兴⁶。子路愠⁷见曰："君子亦有穷乎？"子曰："君子固穷⁸，小人穷斯⁹滥¹⁰矣。"

——卫灵公·一

完全读懂名句

1. 陈：读作 zhèn，阵也；军阵行列之法。2. 俎豆：俎，读作 zǔ，用以盛装牲体的木制台架，是祭祀等所用的礼器，借指宗庙祭祀的礼制。3. 尝：曾经。4. 军旅之事：就是军队作战的事情。一万二千五百人为军，五百人为旅。但历代军队编制又有所出入。5. 绝粮：粮食断绝、吃完。6. 兴：起。7. 愠：读作 yùn，生气、不悦。8. 固穷：固守困窘，安守困窘。9. 斯：就。10. 滥：溢也，泛滥，指胡作非为。

卫灵公问孔子关于兵阵的事情。孔子回答说："关于祭祀的礼制，我倒是听说过；至于军队征伐，我却没学过。"第二天，孔子就离开卫国。到了陈国时，粮食断绝，随行的弟子们都饿病了，起不了身。子路生气地跑去见孔子并问："君子也会有这种困窘吗？"孔子回答说："君子即使遇到困窘，也仍能安于艰苦、坚守本分；而小人遇到困窘，则会开始动歪脑筋、胡作非为了。"

名句的故事

公元前497年，孔子确定没有领到最后一块"祭肉"（指祭祀过的肉，春秋时期，祭祀完国君会分送祭肉给官员，以表续任与尊重），在满怀失望的心绪下，他带着徒子徒孙出走鲁国。一行人浩浩荡荡，准备从陈国经过蔡国要到楚国。陈、蔡两国虽然不重用孔子，但是也不希望他效劳楚国，于是派了很多人把孔子围在荒郊野外。包围孔子的人，并没有加害孔子，只是使他们师徒无法行动。过了六七天，眼看携带的干粮就快吃光了，大家只好协议一天只吃一餐，于是一群人饿得两眼发昏、手脚无力。

看到这种情况，个性鲁莽的子路自然第一个跳出来，气冲冲地跑去质问孔子说："君子难道也会让自己困窘成这样吗？"于是，孔子就回了他上面这一句话："君子固穷，小人穷斯滥矣。"表示君子安于困窘，再困窘也能坚守节操、平静和乐，只有小人一遇困窘，就会动歪脑筋、为非作歹了。

这段孔子一行人"在陈绝粮"的故事，还引发不少孔子与弟

子之间的精彩对话（见《卫灵公》三、四、五、六）。但究竟
"绝粮"的最后结局是如何呢？当然，他们全都安全获救了（被
楚国的援兵），要不然今天《论语》的名句就只能写到这里了。

历久弥新说名句

在孔门的众多弟子中，子路先生大概是最敢于对孔子"大小
声"、批评质疑的人吧！他也算是全书中个性鲜明、有棱有角的
人物。常常，子路的不拘小节、快人快语，连旁人都会一边忍俊
不禁，一边替他捏把冷汗。

《史记·孔子世家》中记载，孔子周游到了卫国，卫国国君
卫灵公的夫人叫南子，她有着美丽的容貌和糟糕的私生活。南子
久闻孔子之名，想要一睹庐山真面目，孔子推辞不过，只好应约
前往。这段拜会传到了子路的耳朵，藏不住话的子路先生自然又
气冲冲地跑去兴"师"问罪，似乎认为孔子怎么可以去见像南子
这种败德之人。孔子面对子路的指控，也非常激动，急得拿起拐
杖指着天发誓说："我如果真的做了不好的事情，老天会厌弃我！
老天会厌弃我！"（"予所否者，天厌之，天厌之！"《雍也·二十
六》）

想象孔子当时脸红脖子粗的发誓模样，现代读者必会莞尔一
笑，孔老夫子也是人嘛！还好有粗枝大叶、不矫揉造作的子路，
让我们得以窥见孔圣人喜怒爱乐、真性情的一面。真正的圣贤绝
非道貌岸然、无情无性的人！

　　然而不知何故，儒家流传下来的往往是道貌岸然的形象，伟大的左翼作家鲁迅便曾利用"君子固穷"这句话，调侃了他笔下的小说人物——孔乙己。"……乙己睁大眼睛说：'你怎么这样凭空污人清白……''什么清白？我前天亲眼见你偷了何家的书，吊着打。'孔乙己涨红了脸，额上的青筋条条绽出，争辩道：'窃书不能算偷……窃书！……读书人的事，能算偷么？'接连便是难懂的话，什么'君子固穷'，什么'者乎'之类。"

　　不知正牌的孔老夫子看到这段话，是否会再度脸红脖子粗了起来呢？

士志于道，而耻恶衣
恶食者，未足与议也

名句的诞生

子曰：“士[1]志于道，而耻[2]恶衣恶食[3]者，未足与议[4]也。”

——里仁·九

完全读懂名句

1. 士：泛指读书人。2. 耻：动词，“以……为耻”的意思。
3. 恶衣恶食：恶，音è，坏的意思。恶衣恶食是指简陋的衣服和
粗糙的食物。4. 议：此处是讨论道理的意思。

孔子说：“读书人立志追求人生理想，却以简陋的衣服和粗
糙的食物为可耻，那就不值得和他讨论什么道理了。”

名句的故事

“道”是孔子追求的真理。孔子曾说：“朝闻道，夕死可矣。”

（《里仁·八》）可见孔子对"道"的执著。但是"道"是什么呢？《论语》中"道"这个字共出现六十次，指涉的意思略有不同，最常代表的则是道德、学术或理想，例如"本立而道生"的"道"是道德；"吾道一以贯之"的"道"是学术。这里"士志于道"的"道"，指的则是读书人的理想。

孔子认为追求理想，必须要专心一致，不能受到外界物质享受的干扰，要像子路，"衣敝缊袍，与衣狐貉者立，而不耻"（《子罕·二十七》），即使是一身破烂的棉袍，与穿着貂皮大衣的人站在一起，也不会感到不好意思；或是像颜渊，"一箪食，一瓢饮，在陋巷，人不堪其忧，回也不改其乐"（《雍也·九》），这样义无反顾的志学之士，才能够实现理想。

历久弥新说名句

儒家这种"志学"精神，影响了历代的知识分子，例如晋代陶渊明说："不戚戚于贫贱，不汲汲于富贵。"（《五柳先生传》）唐代王勃说："君子安贫，达人知命。"（《滕王阁序》）李白也说："达亦不足贵，穷亦不足悲。"（《答王十二寒夜独酌有怀》）时代背景虽异，然而心情与孔子相互应和。

不过，追求理想的读书人难道就得永远穷困潦倒吗？孔子曾说："君子谋道不谋食。耕也，馁在其中矣；学也，禄在其中矣。君子忧道不忧贫。"（《卫灵公·三十一》）意思是：如果只为了生计糊口奔波的话，那么永远都摆脱不了贫穷的境地，但是如果志于道、努力学习，所有的成果自然会如水到渠成而来，也就可以解决物质生活这些小问题了。

《史记·苏秦列传》提到，苏秦家贫，在外游历多年，都没有什么成就，被兄弟妻嫂耻笑，他想："一个读书人，既然决定要读书，却不能凭这些学问来取得尊贵荣宠的地位。那么，即使书读得再多，又有什么用呢？"于是，他挑出一本周书《阴符》，用心研习。一年之后，他写出了自己的理论，并开始游说各国国君。最后六国南北联合，苏秦是这个合纵盟约的领导人，也成为六国的宰相。

苏秦荣归故里后，兄弟妻嫂都惶恐恭迎，苏秦非常感慨地说："同样是一个人，富贵了，亲戚就毕恭毕敬；贫贱的话，就被轻视。更何况一般人对我的态度呢？假如我在洛阳附近有两顷良田，现在我还能佩挂着六国的相印吗？"（"此一人之身，富贵则亲戚畏惧之，贫贱则轻易之，况众人乎！且使我有雒阳负郭田二顷，吾岂能佩六国相印乎！"）

只要坚持下去，距离自己的"道"就能更近一步。

志于道，据于德，依于仁，游于艺

名句的诞生

子曰："志于道，据¹于德，依²于仁，游于艺³。"

——述而·六

完全读懂名句

1. 据：根据，以为根据。2. 依：依归，以为依归。3. 游于艺：艺，指礼、乐、射、御、书、数六艺。游于艺，指涵泳于六艺活动或学术修养中。

孔子说："一个人应该立定志向追求真理，以道德为根据，以仁德为依归，并涵泳在礼、乐、射、御、书、数等六艺的活动中。"

名句的故事

南宋朱熹认为，《论语》此章在说明一个人求学的各种历程与先后顺序，第一步先得立志，立志才能心存正念，避免走上歪路；以道德为根据才不会动摇志向；以仁德为依归才能继续坚持，不为物欲所迷惑；而涵泳六艺，无所遗漏，便能在不同领域中自我成长，如此长久以往，将不自觉地进入圣贤的境界。

关于学问的次序与范畴，孔子在《泰伯·八》中还提到："兴于诗，立于礼，成于乐。"即先学诗，兴起向善的心；再学礼，端正行为，使德业卓然自立；然后学乐，涵养性情，培养完美人格。

《述而·二十四》记载了孔子教导弟子"四教"，即"文、行、忠、信"。这两大领域并称孔门的"四教六艺"。

不过，六艺到底是什么，学者之间有不同的说法。

有人认为是《礼记》、《易经》、《诗经》、《尚书》、《乐经》与《春秋》六经。

目前一般认为是礼、乐、射、御、书、数六种技能。

也有人认为这六艺是周朝培养官员的先前教育，是贵族教育的内容。教导礼、乐，是培养文官；教导射、御，是为了培养武将；而教导书、数，则是培养地方官。

历久弥新说名句

依照朱熹的说法，孔子认为求学的第一步就是立志。关于知识分子的志向，在西方思想史中，常被提及的有费希特与韦伯。

费希特是 18 世纪的德国哲学家，也是唤起德意志民族自觉自强的重要人物。他在著作《论学者的使命》中提到，知识分子应该"愿意为真理而死"，他说："我的使命就是论证真理；我的生命和我的命运都微不足道；但我的生命的影响却无限伟大。我是真理的献身者，我为它服务，我必须为它承受一切，敢说敢做，忍受痛苦。要是我为真理而受到迫害、遭到仇视，要是我为真理而死于职守，我这样做又有什么特别的呢？我所做的不是我完全应当做的吗？"

当代社会学的奠基人之一德国学者韦伯，他在著名的演讲《学术作为一种志业》中说，知识分子在完成一篇文章前，必须感受"之前数千年悠悠岁月已逝，未来的数千年，则在静默中等待他在这段文字中做出成功的推测"，如此才能继续知性追寻的工作。

费希特与韦伯的话语迄今仍是孜孜不倦研究者的暮鼓晨钟，支持着他们完成自己的志业。

三军可夺帅也，匹夫不可夺志也

名句的诞生

子曰："三军¹可夺帅也，匹夫²不可夺志也。"

——子罕·二十五

完全读懂名句

1. 三军：周朝时，大的诸侯国拥有三军，小的诸侯国只能有一军，所指是军队的多少，而非今日的陆、海、空三军。2. 匹夫：指平民百姓。

孔子说："可以把军队的统帅夺走，但是一个人的志向，却无法去改变。"

名句的故事

古今中外诸多贤人说过不少与孔子此章相类似的箴言，如墨子的"志不强者智不达",而孟子有"富贵不能淫,贫贱不能移,威武不能屈",同样流传千古。

孔子若非意志力惊人,如何能够摆脱利益的诱惑,为了实践理想,奔波于战乱四起的春秋诸国之间呢?他说"三军可夺帅也,匹夫不可夺志也",便是以匹夫自居,批评那些不肯以仁道治国的诸侯。

历代各家的注解认为,"匹夫"虽然"微不足道",但是只要坚守志向,无人可以撼动。三军虽然"人多势众",但是常常不能"上下一心",一旦主帅被掳,全军随之涣散。所以说啊,可以被夺走的志向就不叫志向,只要真能立定志向,便可以"勇冠三军"!

历久弥新说名句

近代中国社会学和人类学奠基人之一的费孝通先生,在其知名著作《乡土中国》提到,老一代知识分子共通的精神特点,便是内心有个"志",而此志就是爱国与献身学术,就是"匹夫不可夺志"的志。

"三军可夺帅也,匹夫不可夺志也。"这句话成为后世读书人处于逆境、面对强横时的自励之语。

30年代,陈独秀被国民党逮捕关进牢里,左派文人声援他,当时一本刊物《涛声》公开陈独秀在狱中所亲书的"三军可夺帅也,匹夫不可夺志也",表示抗议与对理想的坚持。

近代新儒家学派早期代表人物之一梁漱溟，身处逆境时，就以这段话表明心迹。

1973 年，中国如火如荼展开"批林（林彪）批孔（孔子）"运动，梁漱溟被逼发表看法。起先他拒绝响应，最后声明"不批孔，但批林"，引起激愤，被拉至人群中进行"公审"。

期间，梁漱溟一直保持沉默，后来被问到对群众批判的感想，他说："三军可夺帅也，匹夫不可夺志也。"登时全场鸦雀无声，继而众人咆哮，场面几乎无法控制。

众人要求解释，他说："我认为，孔子本身不是宗教，也不要人信仰他，他只是要人相信自己的理性，而不轻易去相信别的什么。别的人可能对我有启发，但也还只是启发我的理性。归根究底，我还是按我的理性而言而动。因为一定要我说话，再三问我，我才说了'三军可夺帅也，匹夫不可夺志也'的老话。吐了出来，是受压力的人说的话，不是在得势的人说的话。'匹夫'就是独人一个，无权无势。他的最后一着只是坚信自己的'志'。什么都可以夺掉他，但这个'志'没法夺掉，就是把他这个人消灭掉，也无法夺掉！"读书人的气节与不畏强权的勇气，在梁漱溟身上展露无遗。

岁寒，然后知松柏之后雕也

名句的诞生

子曰：“岁[1]寒，然后知松柏之后[2]雕[3]也。”

——子罕·二十七

完全读懂名句

1. 岁：一年。2. 后：最后。3. 雕：同“凋”，凋零。

孔子说：“要到每年天气寒冷的时候，才知道松树与柏树是最后凋落的。”

名句的故事

根据《孔子家语·在厄》记载，孔子应楚昭王的邀请，前往楚国。在半途中，孔子受到陈国官兵的阻挡，不准一行人前往楚国，就地困围他们“绝粮七日”。子路当时也跟孔子一起受困，

240

他对于孔子平时"积德怀义,行之久矣",却落此下场,深感不满。

孔子便告诉子路:"如果你以为有仁德的人必定会被信赖,那么伯夷、叔齐就不会饿死在首阳山;如果你以为有智能的人必定会被任用,那么比干就不会被剖心;如果你以为尽忠的人必定会获得回报,那么关龙逄就不会被求刑;如果你以为规劝的话必然会被听进去,那么伍子胥就不会被杀。"(《孔子家语·在厄》)从这些历史人物的譬喻中,不难发现孔子把自己放在哪个位置。

孔子接着说:"夫遇不遇者,时也,贤不肖者,才也。君子博学深谋而不遇时者,众矣,何独丘哉。且芝兰生于深林,不以无人而不芳;君子修道立德,不为穷困而改节。"意思是说,一个人有没有被赏识,与时机有关系,贤明或不贤,与人的才能有关,君子博学有才略却不被君王赏识的人很多,不只有我孔丘一人而已。芝兰生长在森林深处,不会因为没有人欣赏就不散发香气,君子修习道德学问、树立功绩,不会因为穷困而改变志向。

后来孔子脱困,回忆当时情景,便说:"岁寒,然后知松柏之后雕也。"来表达他心中的感触。清代刘宝楠在《论语正义》中阐述:"在浊世,然后知君子之正不苟容。"意思是说,在政治混乱时,才可以发现君子行为正直,不会随便与人同流合污。如同所谓"国家昏乱,有忠臣"(《道德经》第十八章)、"疾风知劲草,板荡识诚臣"(《旧唐书·萧瑀列传》)。后人则常用"松柏后凋"，比喻一个人品格坚贞，气节高超。

历久弥新说名句

松、竹、梅称岁寒三友，诸多优美的文章诗句，运用了松、竹、梅的元素。梁朝范云的《咏寒松》诗中有："凌风知劲节，负霜见直心。"诗人便是以"劲节"、"直心"来歌咏寒冬中的松。又例如唐朝张九龄在《感遇》诗中描写："江南有丹橘，经冬犹绿林。岂伊地气暖，自有岁寒心。"其中的"岁寒心"就是指具备松柏一样的性格。

大诗人李太白有一首《古风》，其中有诗句："松柏本孤直，难为桃李颜。"松柏是李白的自喻，桃李指豪门权贵，表示他的个性孤傲正直，很难去附和那些豪门权贵。清朝的郑板桥在《竹石》中，笃定地写着："咬定青山不放松，立根原在破岩中。千磨万击还坚劲，任尔东西南北风。"前两句是形容竹子的出身，挺立在高峻山崖中；后两句是说明竹子的生存原则，任凭狂风骤雨，都无法撼动它。以竹子比喻君子，和孔子以松柏比喻君子的意义是一样的。

君子疾没世而名不称焉

名句的诞生

子曰:"君子疾¹ 没世² 而名³ 不称⁴ 焉。"

——卫灵公·十九

完全读懂名句

1. 疾:以为疾,遗憾。2. 没世:死亡。3. 名:名声。4. 称:
称道。

孔子说:"君子引以为憾的是,在死后没有好名声可以让人
称道。"

名句的故事

司马迁在《史记·孔子世家》为此段话进行补充,孔子认为
君子最遗憾的是死后没有留下名声,如果他的理想没有实践,要

如何面对后世的人呢？

根据《昭明文选》的解释，古代的仁人志士害怕"马齿徒长"，时光一天一天流逝，却没有建立起好名声，因此晨兴夜寐，努力不懈，不敢稍息片刻。

"君子疾没世而名不称焉"代表着儒家积极入世的态度，但也有学者持不同的意见，认为这与《学而》第一章的"人不知而不愠，不亦君子乎"相矛盾。

不过，一般认为孔子讲"人不知而不愠，不亦君子乎"，是在中壮年时期，因此比较不在乎是否能被后人认同，说"君子疾没世而名不称焉"时，已是晚年，因此会忧虑身后名的事，所以修《春秋》，希望可以流传后世。

历久弥新说名句

三国时，年轻的曹丕见到天下发生瘟疫，死伤无数，他写信给大臣王朗提到，"生有七尺之形，死唯一棺之土。唯立德扬名，可以不朽"（《三国志注》）。也就是说，活的时候虽有七尺之躯，但死后只占据一棺木的土地，唯有"立德扬名"，才能够真正不朽。

汉代司马迁更把"君子疾没世而名不称焉"作为自己的座右铭，他认为历史上富贵者死后默默无闻者无数，立名才是人生在世的目标。司马迁为投降匈奴的李陵仗义执言，惨遭宫刑，虽然他一度企图自杀，但想起"文王拘而演周易，仲尼厄而作春秋。

屈原放逐，乃赋离骚。左丘失明，厥有国语。孙子膑脚，兵法修列。不韦迁蜀，世传吕览。韩非囚秦，说难孤愤。诗三百篇，大抵贤圣发愤之所为作也。"司马迁以周文王、孔子、屈原、左丘明、孙子、吕不韦、韩非等为例，此先辈前贤皆在逆境中发奋有为，留下千古名声与功业，因此他"忍辱负重"地活下来，写了不朽巨作《史记》，这可说是"君子疾没世而名不称焉"的最佳榜样。

《史记》的人物传记中，"名不虚传"、"名冠诸侯"、"名垂后世"等评语不胜枚举。

"名不虚传"原作"名不虚"。战国时齐国公子孟尝君爱好养士，门下食客多达三千人。司马迁撰写《史记》前曾到孟尝君的领地，发现当地民风强悍，与附近不同，一问方知这些人是孟尝君食客的后代，因此"龙蛇杂处"，可见与传说相符，司马迁说孟尝君"名不虚"。

"名冠诸侯"指的是魏国的信陵君，他与赵国平原君、齐国孟尝君、楚国春申君并称战国四公子，但他的名称却在其他三人之上，甚至远超过列国诸侯，因此司马迁称他"名冠诸侯"。"名垂后世"则是司马迁在《刺客列传》对刺客的赞词，说曹沫、专诸、豫让、聂政、荆轲等五位刺客，慷慨赴死的举动将留名久远，故称"名垂后世"。

当仁，不让于师

名句的诞生

子曰："当仁[1]，不让[2]于师。"

——卫灵公·三十五

完全读懂名句

1. 当仁：面对仁的时候。2. 让：谦让。

遇到人生正途上该做的事，即使对老师也不必谦让。

名句的故事

"仁"是中国儒家道德规范的最高原则，也是孔子思想体系的核心理论。什么是"仁"呢？孔子的学生樊迟曾经三次向孔子问这个问题，前两次樊迟对于孔子的回答都不能了解，第三次孔子做了最简单的解释："爱人。"孔子还说："泛爱众，而亲仁。"

（《学而·六》）孔子说的"仁"就是"博爱"的意思。

有一次那位喜欢"昼寝"（白天睡觉）的宰予故意跟孔子抬杠，他问孔子："仁者，虽告知曰'井有仁焉'，其从之也?"（"井有仁焉"的"仁"与"人"通用。）宰予的意思是："夫子，您平时常说要仁爱，现在如果有人掉到井里，仁人是否也要一起跳下去救他呢?"孔子说："何为其然也? 君子可逝也，不可陷也；可欺也，不可罔也。"（《雍也·二十四》）这是说，孔子责备宰予："你问这是什么傻问题? 君子可以想办法把井里的人救出来，却不能跟着他跳进去；君子可能会被欺骗，却不能被蒙蔽。"

可见孔子的"仁"是有智能的仁爱，而非盲目的爱，而当学生遇到必须行仁义之事时，即使是老师在场，也不必谦让。后来这句话简化为"当仁不让"，意思扩大为对于应该做的事勇于承担而不推让。

历久弥新说名句

清末的康有为、梁启超是关系十分密切的师生。

少年时，梁启超就拜在康有为门下为弟子，两个人一起到北京参加科举考试，同榜中了进士。

后来两个人联合发动"维新运动"，并称"康梁"。维新变法失败后，他们又一起逃往日本。

之后两人的政治立场渐渐有了分歧。康有为继续鼓吹维新变法，坚持保皇保教，反对革命。梁启超由保皇转向革命，1902年，本着"吾爱孔子，吾尤爱真理；吾爱先辈，吾尤爱国家；吾爱故人，吾尤爱自由"，他公开发表文章，认为"教不必保，也不可保，从今以后，只有努力保国而已"，受到康有为的严厉批评。

民国成立后，康有为积极复辟。1917 年，康有为联合统率辫子军的张勋，趁国务总理段祺瑞和大总统黎元洪之间的府院之争，请溥仪重新登基做皇帝，史称"张勋复辟"。而梁启超则坚决维护民主共和，并参加武力讨伐，他还以个人名义发出反对的电报，有人担心这会破坏师生情谊，但梁启超只说："师弟自师弟，政治主张则不妨各异，吾不能与吾师共为国家罪人也。"

西方古希腊哲人亚里士多德在柏拉图门下求学时，师生论学切磋很密切，但后来他们也在学术上看法分歧：柏拉图"唯心"、亚里士多德"唯物"；柏拉图为学重综合，亚里士多德重分科。在这样的背景下，亚里士多德说出："吾爱吾师，吾更爱真理。"这句经常被引用的名言，恰与孔子"当仁，不让于师"的理念相呼应。

欲速则不达

——事物道理

成事不说，遂事不谏，既往不咎

名句的诞生

哀公[1]问社[2]于宰我[3]。宰我对曰："夏后氏以松，殷人以柏，周人以栗，曰使民战栗[4]。"子闻之曰："成事不说，遂事[5]不谏[6]，既往不咎[7]。"

——八佾·二十一

完全读懂名句

1. 哀公：鲁哀公。2. 社：土神。鲁哀公所问的社，是指社主而言。当时祭土神，要立一木，以为神的凭依，此木称为主。3. 宰我：孔子弟子，名予。4. 战栗：恐惧。5. 遂事：已经在进行的事，不能阻止。6. 谏：劝谏之意。7. 咎：怪罪，责罚。

鲁哀公请教宰我关于社稷神主的事情。宰我回答说："做社稷神主的木料，夏朝用松，殷朝用柏，周朝用栗，用栗的意思在于要使老百姓恐惧战栗。"孔子听了这段话，仅回答："已经发生的事情，多说无益；已经做的事，便无法再劝谏阻拦；已经过去的事情，就不用追究了。"

名句的故事

鲁哀公向宰我请教关于社稷神主的事情，宰我回答："做社稷神主的木料，夏朝用松，殷朝用柏，周朝用栗，用栗的意思在于使人恐惧战栗。"宰我这里的最后一句，在孔子眼中是最不得体的。根据相关研究，古人为祭祀神明，会有一连串的祈祷，为了举行祈祷的活动，先要使神明有安居的处所，有人将神安置在高地、石头，也有安置在大树上；神被安顿在哪里，就象征神在哪里。"立社"的行动也隐含树立政治威权的意义。而春秋时期诸国相互争夺，早已不复周朝世风，如果鲁哀公有任何破坏现况的行为，都很容易引来战争。

针对这段，朱熹在《论语集注》中表示，孔子觉得宰我没有真正回答鲁哀公的问题，而回答的内容又恐引起鲁哀公的杀伐之心，可是事情都已经发生了，所以孔子仅说："已经发生的事情，多说无益；已经做的事，便无法再劝谏阻拦；已经过去的事情，就不用追究了。"这是孔子告诫宰我，说话要谨慎。

根据当时历史背景来看，孔子所谓"成事不说"这件事情，是指鲁哀公失政、三家专权的局势形成已久，多说无用，所以不必再说了；所谓"遂事不谏"是指鲁国三家已经达到目的，宰我现在才对鲁哀公进谏，为时已晚；所谓"既往不咎"是指宰我对哀公的回复并不适当，但是已经说出，孔子也不追究宰我了。

历久弥新说名句

孔子对宰我的既往不咎，似乎是有些无奈。历史上有一个"既往不咎"并成就霸业的例子，那就是曹操。官渡之战，曹操战胜袁绍，曹操对于那些原先投靠袁绍的人"既往不咎"，因此获得许多人的支持，例如陈琳、张郃、高览、许攸。曹操的"既往不咎"让他成为三国霸主当中获得最多英雄豪杰的人。

当代作家刘墉曾在《不能承受之轻》一文中写道："成事不说，遂事不谏，既往不咎。选了就选了，走了就走了；既然选了，就无所谓对错；既然走了，就不要怨恨。"用来劝诫人们对于自己所选择的道路要有勇于负责的态度，回头路已经不是原来的路了。

同样的句子却有不一样的应用与效果，也指导我们不同的人生态度。

久矣，吾不复梦见周公

名句的诞生

子曰："甚矣，吾衰[1]也！久矣，吾不复[2]梦见周公。"

——述而·五

完全读懂名句

1. 衰：衰老的意思。2. 复：再。

孔子感叹道："唉，我老了！很久啰，我都没有梦到周公了。"

名句的故事

《论语》在这句话之前的一章，形容了孔子当时的生活："子之燕居，申申如也，夭夭如也。"燕居一词的燕字，是指燕子飞翔，象征悠闲自在，所以闲居无事就称为燕居。这句话是说，孔子闲居无事的时候，非常舒适自在，享受平和宁静的生活。这时的孔子结束周游列国，专注于经典编修、教化弟子。

孔子年轻时周游列国，承袭了尧、舜、禹、汤、文武、周公的道统流传，希望让周公制礼作乐的盛世，重现于当时，因此日有所思、夜有所梦，周公便常常来到孔子的梦中。然而，到了孔子晚年，这个理想已经离他愈来愈远，他专心教书、编书，生活悠闲自得，偶然发现自己已经很少再梦到周公了。因此孔子感慨道："甚矣，吾衰也！久矣，吾不复梦见周公。"话中似乎也透露着，孔子已经无法盼到周朝盛世的再临了。

历久弥新说名句

孔子生活在春秋时期，一个诸国并列、礼乐崩坏的时代，重建社会秩序可说是孔子的理想。在孔子的心目中，西周就是一个典范，他赞美说："周之德，其可谓至德也已矣。"（《泰伯·二十》）此外还有："周监于二代，郁郁乎文哉！吾从周。"（《八佾·十四》）因为周礼延续夏商两代并加以修订，所以制度与文物均臻于完美，孔子不仅盛赞并主张遵从周礼。

关于孔子的周公梦，朱自清在《说梦》一文中如此写道："得知道，做梦而能梦周公，才能成其所以为圣人。我们也还是够不上格儿的，我们终于只能做第二流人物。"有趣的是，今天我们常常戏称的"梦周公"，原本是指怀有高人一等的胸襟，但后来已经成为睡觉、做梦的意思，例如唐朝嗜茶如命的卢仝，在

《走笔谢孟谏议寄新茶》一诗起笔就是："日高丈五睡正浓，军将打门惊周公。"诗人连"梦"字都完全省去了，周公此一历史人物变成了睡眠做梦的代名词。

事实上，各民族对于梦境，如梦中所呈现的人、事、物、生活经历、潜在意识，甚至是"预知"，均有一套解释的方法，而中国人的"周公解梦"就是一些民间解梦方法的集合。

此外，与梦有关的传奇故事也不少，例如唐朝李公佐的《南柯太守传》，主人翁淳于棼在"南柯一梦"中，被国王招为驸马，当上南柯郡太守，历经人世的沧桑与荣辱，醒来后发现自己躺在槐树下，而树旁蚁穴中的蚂蚁依然庸庸碌碌地奔忙着。"南柯一梦"比喻人世贵贱无常，就像浮云幻梦一般，不论贫贱富贵，到头来只是一场空。

另外，现代精神分析大师弗洛伊德直指，梦是通往潜意识的大道，经典著作《梦的解析》对梦所反映的真实生活，或伪装、或欲求、或转移作用，都有精辟的阐述，引领我们对于人的精神层面有更深的认识。

三月不知肉味

名句的诞生

子在齐闻韶[1]，三月[2]不知肉味。曰："不图[3]为乐之至于斯[4]也。"

——述而·十三

完全读懂名句

1. 韶：舜乐名。2. 三月：好几个月，"三"是虚数。3. 不图：想不到。4. 斯：代名词，指上文"三月不知肉味"。

孔子在齐国听到了韶乐，好几个月来，连吃肉都不知道滋味，他说："没想到韶乐居然到了这么感动人的程度。"

名句的故事

有一次，孔丘当起乐评人，比较"韶乐"和"武乐"的优劣，他褒奖"韶乐，尽美矣，又尽善也。"（此为"尽善尽美"成语的由来。）微词"'武乐'虽尽美矣，未尽善也"。因为舜受尧之让得天下，所以"舜乐"无杀伐之气；而武王因伐纣得天下，故"武乐"有杀伐霸气。

和"三月不知肉味"同样叫座的另一名言是"余音绕梁，三日不绝"。春秋时期，韩国有一位女歌手韩娥，靠流浪卖艺为生。一天，她来到齐国旅店求宿，店里有人瞧不起她，便出言嘲讽侮辱。韩娥受了委屈，悲从中来，不由得用歌声哀哀唱出"酒后的心声"。当地人听后，也悲哀不已，垂泪不止。

韩娥走后三日，人们还沉浸在悲哀之中，茶饭不思。大伙只好派人追回韩娥谢罪。她回来后，改唱"快乐颂"，众人听后高兴得手舞足蹈，一扫先前的悲哀之情。韩娥的歌声情景交融，深深萦绕在人们的脑海中三天不去，这正是"余音绕梁，三日不绝"典故的由来。

历久弥新说名句

后人称为"老残"的清末文人刘鹗，他在《明湖居听书》一文中曾对音乐有深入的赞叹与描写，文中梦湘先生就"三日"和"三月"二词进行了一番比较，他觉得"'三日不绝'这'三日'下得太少，还是孔子'三月不知肉味''三月'二字形容得透彻些"。而他这话一出，旁边的马屁精一听，连忙灌迷汤道："梦湘先生论得透辟极了，'于我心有戚戚焉'。"

　　"三月"是圣人对圣乐的体会，"三日"只是凡人对歌女歌声的体会，前者当然比较深刻。相同的是，两者都在赞叹优美的音乐沁人心脾，而且是绝对不同于商纣王"北里之舞，靡靡之乐"的"亡国之音"。

　　由于古代未发明录音设备，音乐无法保存下来，我们无从一饱原汁"耳"福。"韶乐"虽早已不传，但经过孔子的高度推崇，遂让"韶乐"在音乐史上有无比崇高的地位，由"韶乐"产生的"三月不知肉味"，就和韩娥小姐的"余音绕梁，三日不绝"，并列"音乐感人至深"的夸张专用语。

　　语言演变，现在"三月不知肉味"已非专门用来形容"音乐感人"了，它有新的用途，像沉迷"武侠小说"、狂恋"网咖"的人，也常自诩"三月不知肉味"呢！

仰之弥高，钻之弥坚

名句的诞生

颜渊喟然[1]叹曰："仰之弥[2]高，钻之弥坚，瞻[3]之在前，忽焉在后！夫子循循然[4]善诱人，博我以文，约我以礼，欲罢不能，既竭吾才，如有所立，卓尔[5]；虽欲从之，末由[6]也已！"

——子罕·九

完全读懂名句

1. 喟然：叹息的样子。2. 弥：更加。3. 瞻：向前看的意思。4. 循循然：指循序渐进的样子。5. 卓尔：挺立的样子。6. 末由：不知从什么地方。

颜渊感叹说："关于夫子的学问，愈抬头看它就愈觉得高远，愈是钻研就愈觉得坚实艰深；眼看它在前面，忽然又到后面去了。夫子循序渐进地诱导弟子，教我阅读广博的典籍来充实，教我用礼节来约束自己，使我的学习想停下来也没办法。我尽了自己最大的努力，似乎看到夫子的道理就卓然树立在我面前，但想追随它，却又追不到。"

名句的故事

从这句名言中，我们看到颜渊对于孔子学问的推崇，然而这样的推崇之语，不只出自颜渊一人。

鲁国大夫叔孙武叔在朝廷上称赞子贡的德学超过孔子。另一位大夫子服景伯下朝后告诉子贡这件事，子贡一点都不惊讶地说："譬之宫墙，赐之墙也及肩，窥见室家之好；夫子之墙数仞，不得其门而入，不见宗庙之美，百官之富。得其门者或寡矣！"（《子张·二十三》）这句话的意思就是说，"如果用宫室周围的墙做个譬喻，子贡的墙只有一个人的肩膀高，很容易可以看见屋子里面的全貌。而孔子的墙有好几仞，如果不从大门进去，就看不到屋子里面宗庙装饰的辉煌，文武百官的盛大。现在能够找到大门进入的人很少了！"子贡的言下之意是，因为叔孙武叔不认识孔子的真面目，所以他才会这么评论。

历久弥新说名句

在《史记·孔子世家》中记载，司马迁在拜读孔子的著作之后，十分向往，并且前往山东去观赏夫子庙的种种。他用《诗经》中的"高山仰止，景行行止"来称赞孔子，以高山比喻孔子崇高的德行，令人景仰，司马迁是"虽不能至，然心乡往之"，他虽然无法达到跟孔子一样的境界，但却仰慕不已。孟子更推崇孔子，说他是："自有生民以来，未有孔子也。"（《孟子·公孙丑上》）对孟子而言，孔子的地位是空前的。

春秋时鲁哀公在孔子过世之后，于山东曲阜设立孔子庙，到唐太宗下诏州县皆设立孔子庙，孔庙遍及全国。鲁哀公时便有祭祀孔子的"释奠礼"，根据《礼记》记载："凡始立学者，必释奠于先圣先师。"意即初入学的学生都必须向先圣先师，行释奠礼。释、奠这两个字都有陈设、呈献的意思，指的是释奠时要准备音乐、舞蹈、祭品。尊崇孔子的典礼共分成六段礼赞，迎神礼、初献礼、亚献礼、终献礼、彻馔礼以及送神礼。在唐玄宗开元时期，典礼就趋于正式与隆重。台湾第一次祭孔的仪典是在台南的孔庙。台南孔庙于明朝郑成功时代兴建，每年选在春、秋两季举行祭典，以庄严肃穆的钟、鼓齐鸣开场，配合清华悠扬的丝、竹乐音，再加上六佾舞的衬托，表达对至圣先师的敬意，全程典礼约六十分钟完成。

逝者如斯夫！ 不舍昼夜

名句的诞生

子在川上[1]曰："逝[2]者如斯[3]夫！不舍[4]昼夜。"

——子罕·十六

完全读懂名句

1. 川上：河川岸边的意思。2. 逝：往，去。3. 斯：这个。
4. 舍：停止之意。

孔子在河边感叹道："一去不复返的时光就像这河水一样啊！
日夜不停息地奔流。"

名句的故事

"逝者如斯"常用来感慨时光、岁月的无情消逝。若翻开一
些"专家"的解释，例如朱熹、程子，就把"逝者"，也就是此

处水所隐含的事物，解释成"道体"，这多少延伸了孔子的本意，并且增加了几分严肃性。根据《孔子家语》记载，孔子遇水必观，确实赋予水许多深刻意涵。

孔子认为，水像高尚的品德，它生生不息地孕育一切生物；水像义理，它循着理路，一定是向下而流；水像道统，它千支万流滔滔汇入江海，似乎永远没有尽头；水具备勇气，不论遇到山崖、石壁，都会勇往直前；水像法理，放一盆水，不管底部高低，水面一定是平的；水明察秋毫，因为它无孔不入、无处不到；水善导教化，万物只要经过水的洗涤，必然洁净。

不过，读到"逝者如斯"，总是最先联想到光阴岁月，它像流水般一去不复返。话说当年孔子回到故乡鲁国当官，已过半百之年。由于在鲁国掌握权势季桓子的儿子过世，季桓子的家臣阳货，想尽各种办法要和孔子讨论葬礼的事情，但总是碰一鼻子灰。后来阳货求见孔子多次被拒之后，他乘孔子不在时，送给孔子一头乳猪，孔子只好依照礼数回礼。有趣的是，孔子想乘阳货不在家时去答谢，没想到却在路上遇到他。

阳货直接问孔子："怀其宝而迷其邦，可谓仁乎？"意即，把自己的本领藏起来而任由国家混乱，这样是仁者吗？阳货接着又问："好从事而亟失时，可谓知乎？"意即，想为国家做点事情却屡屡错失机会，这样是智者吗？阳货最后说："日月逝矣，岁不我与。"阳货告诉孔子，时光飞逝，岁月不饶人呀！孔子回答：

"诺，吾将仕矣。"终于答应出来做官。(《阳货·一》)孔子真正在鲁国做官，是阳货被逐出鲁国之后，当时孔子已经五十一岁了，真的是岁月一去不复返啊！

历久弥新说名句

除了孔子以外，老子也很推崇水，他说："天下莫柔弱于水，而攻坚强者莫之能胜。"水是万物中最柔弱的，也是最刚强的，又说："上善若水，水善利万物而不争。"(《道德经》第八章)水真是最好的事物，水善于滋润万物却不会与万物争夺。庄子则说："君子之交淡如水。"(《庄子·山水》)君子之间的来往要像水一样平凡，才能长久。水对古人确实有莫大的启发。

此外，许多经典名句也与河岸边撼天地、泣鬼神的事迹相关。燕国太子丹为荆轲送行，宾客皆身穿白衣，就在易水岸边，众人垂泪涕泣，高渐离击筑，荆轲歌曰："风萧萧兮易水寒，壮士一去兮不复还。"西楚霸王项羽被汉军重重围困于垓下，四面楚歌，与爱妾虞姬饮酒作别，诗云："力拔山兮气盖世，时不利兮骓不逝，骓不逝兮可奈何？虞兮虞兮奈若何？"虞姬自刎，项羽杀出重围，至乌江时，因自觉无颜再见江东父老，自刎而死。还有，甄宓投河自尽后，七步诗人曹植于洛水上思念她，成就传颂后世的《洛神赋》，其中"凌波微步，罗袜生尘"、"翩若惊鸿，婉若游龙"等都是形容洛水神女的名句。诗人张继夜宿枫江，在愁绪中写下："月落乌啼霜满天，江枫渔火对愁眠，姑苏城外寒山寺，夜半钟声到客船。"（《枫桥夜泊》）另一位诗人郭璞也曾在河岸边感慨："临川哀年迈，抚心独悲咤。"（《游仙诗》）岁月是逝去的流水，让人无奈啊！

微管仲，吾其被发左衽矣

名句的诞生

子贡曰："管仲非仁者与？桓公[1]杀公子纠[2]，不能死，又相之。"子曰："管仲相桓公，霸诸侯，一匡[3]天下，民到于今受其赐；微[4]管仲，吾其被发[5]左衽[6]矣！岂若匹夫匹妇之为谅[7]也，自经[8]于沟渎[9]，而莫之知也。"

——宪问·十八

完全读懂名句

1. 桓公：春秋时齐国的国君。2. 公子纠：春秋时齐襄公之弟。齐襄公暴戾无道，公子纠离开鲁国，齐襄公被杀后，公子纠回齐国，被公子小白即后来的齐桓公打败。3. 匡：改正，扶正。4. 微：无，没有。5. 被发：指披散着头发。6. 左衽：衣服前襟向左侧开，为古代夷狄服装的特色。隐喻被异族征服。7. 谅：信，这里指小诚小信。8. 自经：自缢，上吊。9. 沟渎：田间水沟。

子贡说："管仲不算是个仁人吧？桓公杀了公子纠，管仲曾任纠的太傅，不能守节而死，反而辅佐桓公为相。"孔子说："管仲辅佐齐桓公，称霸诸侯，匡正天下，人民直到今天还受到他的恩惠；如果没有管仲，我们应该会像蛮夷一样披散着头发，衣襟向左边开了吧！难道真要像一般的小民那样拘泥于小节小信，在沟渠之中自杀而没有人知道才好吗？"

名句的故事

说到管仲，大家都会想到他辅佐齐桓公实践"尊王攘夷"、"九合诸侯"的功业。但是管仲也是个平凡人，有他的缺点。他在成为齐国宰相之前，跟鲍叔牙做生意，他分到的钱总是比较多；跟朋友一起出征，开打时他躲在人家后面，得胜时他走在前头。最为人诟病的是，管仲原本辅佐齐国的公子纠，公子纠被公子小白也就是后来的齐桓公杀掉之后，管仲非但没有跟着公子纠殉难，反而还倒戈成为齐桓公的宰相。这也是子贡为什么会怀疑管仲是否称得上仁人的原因。

针对子贡的疑问，孔子回答了这句有名的"微管仲，吾其被发左衽矣"。事实上，子路也有和子贡一样的质疑，于是孔子便告诉子路："桓公九合诸侯，不以兵车，管仲之力也。如其仁！如其仁！"（《宪问·十七》）孔子推崇管仲，不需要发动战争，就可以帮助齐桓公九次召集当时的诸侯，向周天子进贡，这就是管仲的仁德。

孔子当然是从大处去论断管仲的功业，因为他自己也对管仲的私人行为有些意见。孔子在《八佾·二十二》中说："管仲之器小哉。"认为管仲的器量狭小，并接着表示："管氏有三归，官事不摄，焉得俭？"女子出嫁称为"归"，"管氏有三归"就是管仲娶了三房，有三个家，这三个家的管理是互相独立的，生活怎么可能节俭呢？孔子还更不客气地说："管氏而知礼，孰不知礼？"因为当时只有国君可以在宫殿外立屏风遮门，管仲是个大夫，应该用帘子遮门，但他却也在门前立起屏风。还有，国君为了两国的邦交而设宴款待时，厅堂的两边会有供摆放酒杯的"坫"，就是当主客双方敬酒饮毕后，放回酒杯用的土台。而管仲宴客时，居然也有坫，因此孔子才会大叹："如果说管仲知道礼节，那么还有谁不知礼节呢？"不过虽然管仲在这些方面有偏差，但是他的功业足已奠下不可动摇的历史地位。

历久弥新说名句

这句名言提供两个历史文化讯息，一是古人对于头发的规矩，二是古人衣着的礼节。

首先，所谓"身体发肤，受之父母，不可毁伤"，古人无论男女都是留发的。再者，女人留发是为了"妇容"，古代女性如果蓄短发是很不得体的；古代男性则是把长发梳理整齐后，把它挽起来向上一总，并用簪子固定，这就是束发。头发的整理是古代服制的一部分，代表了身份，如果剃掉头发的话，就代表是罪犯。（李甲孚《中华文化故事》）根据《礼记》记载："东方曰夷，被发文身……西方曰戎，被发衣皮……"东夷西戎的风俗习惯是披发，与汉人有很明显的差别。

古人的服制，从天子至庶民，都是要合乎礼法、有规矩的。不同的职业身份有不同的衣服装饰，早上、中午、下午也有不同的穿衣哲学，衣服的颜色象征着社会地位。

《礼记》记载："北方曰狄，衣羽毛。"北方的狄族因为天气寒冷，所以是用动物的羽毛作为衣服的材质，以御风寒。

《尚书》记载："四夷左衽。"四夷包括了东方的夷、西方的戎、南方的蛮、北方的狄，这四个非华夏民族的衣襟是向左边开的。因此如果衣襟是"左衽"的话，就代表被蛮夷征服了。

《三国演义》第一〇四回中，廖立听到孔明的死讯，哭着说："吾终为左衽矣！"孔明生前始终无法将后主刘禅的蜀汉，推向政治高峰，仅能偏安荆州一带。一方面面临曹魏的咄咄逼人，另一方面也有人才断层的问题，蜀汉的处境实在堪虑。廖立听到孔明的死讯时，他已是因为"放言无忌"而被贬的庶人，他之所以哭着说："吾终为左衽矣！"就是推测孔明死后蜀汉恐将无法一统中原，他只能留在荆州，荆州在当时人的眼中自然不比中原，中原才是真正的汉土呀！果真不久后，蜀汉就被收服了。

苗而不秀者，有矣夫

名句的诞生

子曰："苗而不秀[1] 者，有矣夫！秀而不实[2] 者，有矣夫！"

——子罕·二十一

完全读懂名句

1. 秀：稻、麦等农作物吐穗开花。2. 实：果实。

孔子说："农作物成苗后却不吐穗，这种情形是有的吧！农作物吐穗开花却结不出果实，这种情形也是有的吧！"

名句的故事

今天，"苗而不秀"与"秀而不实"大多用来比喻才质虽好但没有成就，或指有聪明才智而不努力，也可表示没有真才实学。

　　不过在这之前的两章，都是关于孔子对颜回的评价，因此许多学者认为孔子所言的"苗而不秀"与"秀而不实"，指的仍是颜回。

　　这种解读以宋朝儒者邢昺所著的《论语注疏》为代表，其中写道："此章亦以颜回早卒，孔子痛惜之，为之作譬也。言万物育生而不育成者，喻人亦然也。"即孔子痛惜颜回天才早夭，就像稻子、麦子成苗后却不吐穗，或是吐穗开花却结不出果实一样，令人惋惜。

　　晋朝的李轨提及"颜渊弱冠与仲尼言易"，表示颜回年纪轻轻就可以跟孔子讨论深奥的《易经》，聪明才智过人，因此孔子特别器重这名学生。而颜回死时仅有 32 岁，德业学业尚未有所大成，孔子深觉可惜。

　　因此，"苗而不秀"与"秀而不实"，还有由此延伸的"育而不苗"，曾用来表示对早夭儿童或青年的吊唁。竹林七贤之一的王戎儿子早死，《世说新语》便说其"有大成之风，苗而不秀"，指王戎儿子资质相当优秀，未来可能成为大人物，可惜天不假年，让白发人送黑发人。

　　不过，"苗而不秀"与"秀而不实"现指一个人资质颇佳，但长大后没有什么成就，已与上述意思有所出入。

历久弥新说名句

　　"苗而不秀"与"秀而不实"，现多用来形容神童变成了平凡人，类似的名言有"小时了了，大未必佳"，出自孔子的二十世孙孔融之口，为后人普遍应用。

与"小时了了，大未必佳"相反的是，童年时期相当普通，长大后却成就非凡，有人称"小时不佳，大时了了"，此外也有"大器晚成"或"大鸡慢啼"的说法。

清末民初的武术大师霍元甲，便是"大器晚成"的类型，他所创办的"精武门"，经过李小龙电影的宣传，名扬四海，李小龙在电影《精武门》中饰演的角色，便是霍元甲的弟子陈真。

霍元甲幼时体弱多病，父亲是当时名震一方的拳师霍恩第，他担心霍元甲学武会丢霍家的脸，因此不准他习拳。但是，霍元甲心存高远，趁着父亲教导三个哥哥时偷看偷学，并在家附近的枣林苦练，被父亲发现后，遭到痛骂，霍元甲以不跟人比武、不辱霍家门面，向父亲求情，父亲才让他跟哥哥们一起练武。

霍恩第没想到，霍元甲悟性远超过兄长，终于悉心传艺于他。霍元甲后来融合各家之长，创造出"迷踪拳"，成为一代武学大师。

小时了了也好，大器晚成也好，重点在于是否能够持之以恒，不努力的神童，也赢不过认真的平凡人！

过犹不及

名句的诞生

子贡问："师与商[1]也孰贤?"子曰："师也过,商也不及。"
曰:"然则师愈[2]与?"子曰:"过犹不及[3]。"

——先进·十五

完全读懂名句

1. 师与商:师,指的是孔子的弟子子张,姓颛孙,名师。
商,即孔子另一名弟子子夏,姓卜,名商。2. 愈:胜的意思。
3. 过犹不及:指过与不及皆有所差失,没有所谓孰优孰劣的
问题。

子贡问道:"子张与子夏两个人,谁比较贤能啊?"孔子
说:"子张的言行过于急进,子夏则稍嫌不足。"子贡说:"那
么,子张要比子夏好一些吗?"孔子说:"过度与不足同样都
不好。"

274

名句的故事

孔子对于两位学生的才性，作了一番比较。子张才高意广，常常勉强自己去做困难的事，过于急躁，而子夏保守谨慎，心胸视野便比较狭隘，常有所不及。而子贡认为急躁的子张胜于保守的子夏，也是偏离了中庸之道。

近代学者钱穆认为"过与不及"指的是射箭，子张太过用力，子夏用力不足，因此皆无法射中靶心，所以子张非贤于子夏，子贡亦非为不肖，他举《礼记》子张、子夏弹琴的记载作为佐证。"子张、子夏各除丧见孔子，子张哀痛已竭，弹琴成声，曰：'不敢不及。'子夏哀痛未忘，弹琴不成声，曰：'不敢过。'"即子张、子夏各服完丧后来见孔子，子张比较不悲痛，而子夏仍然哀伤，于是弹起琴来，子夏太过而子张不及，都没有原来的水准。

孔子认为"过"与"不及"，两者都不算好，朱熹解释唯有"无过无不及"方为中庸之道。《尧曰·一》中提到："尧曰：'咨，尔舜。天之历数在尔躬，允执其中。'"即尧命令舜，要信实地执持中道。孔子赞赏尧所提出来的"允执其中"，认为"不偏不倚"远胜"过"与"不及"。

历久弥新说名句

"过"或是"不及"都偏离中道常轨，并非做人处世最好的态度。警惕为事太过终将酿成悲剧的成语有"乐极生悲"、"善泳者溺"、"骄兵必败"，警惕不及的如"画虎不成反类犬"等，而西方讲述"过犹不及"的例子有希腊神话中伊卡鲁斯飞行的故事。

工匠狄德勒斯与儿子伊卡鲁斯被希腊诸神囚禁在克里特岛上，狄德勒斯利用蜡烛制造了两副精美的翅膀，一副给自己，一副给儿子。在利用翅膀飞离克里特岛前，狄德勒斯千叮咛万嘱咐儿子，因为翅膀是蜡做的，飞太低离不开岛屿，飞太高蜡会因太阳照射而融化。

伊卡鲁斯虽然了解父亲所说的道理，然而一旦翱翔天空却兴奋过了头，把父亲的话忘得一干二净，愈飞愈高，高到听不见父亲的呼唤与警告。最后他的翅膀在炙热阳光的照射下消融殆尽，伊卡鲁斯因而坠落，葬身大海。

因此，后世便以"伊卡鲁斯"来告诫人们不可过与不及，否则后果难料。

文犹质也，质犹文也

名句的诞生

棘子成[1]曰："君子质[2]而已矣，何以文[3]为？"子贡曰："惜乎，夫子[4]之说君子也，驷不及舌[5]！文犹质也，质犹文也。虎豹之鞟[6]，犹犬羊之。"

——颜渊·八

完全读懂名句

1. 棘子成：春秋卫国大夫。2. 质：实质，事物的本来面目。3. 文：文华，文采。4. 夫子：古代大夫可以被尊称为"夫子"，所以子贡这样称呼棘子成。5. 驷不及舌：驷，四匹马，古代用四匹马驾一辆车。驷不及舌，形容一旦话说出口，即便是四匹马拉的车也追赶不上。此为"一言既出，驷马难追"的语源。6. 鞟：读作kuò，指去掉毛的皮，即革的别称。

棘子成说："君子质朴就可以了，何必要什么文饰呢？"子贡说："可惜啊！先生您竟这样来解释君子。一言既出，驷马难追。文饰与质朴的本质一样重要，质朴的本质与文饰一样重要。如果去掉毛色花纹，虎豹的革和犬羊的革就没有什么区别了。"

名句的故事

孔子主张"文质并重"，曾说过："质胜文则野，文胜质则史。文质彬彬，然后君子。"（《雍也·六》）如果一个人的内在质朴远多于外在的文采，那么就会显得粗鄙野蛮；如果外在的文采远多于内在的质朴，就会像是官府中掌管文书的官吏。唯有两者协调，才是君子。

卫国的大夫棘子成并不赞成孔子的看法，而主张"质"胜于"文"，他认为君子只要有良好的本质、高尚的人格就行了，外表的文采、表面的仪式与礼节只是肤浅的装饰。

孔子的学生子贡是站在老师这一边，并且十分惋惜棘夫子的话已出口，就算四匹最快的马所驾的车也追不回来了。

子贡进一步解释"文质"需要"并重"，良好的本质应当要有适当的表现形式，否则，本质再好，也无法显现出来。这就好比如果把虎豹、犬羊身上有纹路的皮毛去掉，虎豹和犬羊的革将难以区分。

总之，儒家主张"表里如一"、"文质并重"，与道家的"返璞归真"、"扬质抑文"，看法不同。

历久弥新说名句

　　西汉刘向所著的《说苑》记载了先秦到汉代的轶闻琐事，其中有一个关于"外在美"（文）与"内在美"（质）很有趣的故事。

　　有一天，孔子去拜访子桑伯子，子桑伯子常常衣冠不整。孔子的学生知道自己的老师要去见这种人，相当不高兴："老师，您干嘛要去见这种人呢?"孔子回答说："其质美而无文，吾欲说而文之。"孔子认为子桑伯子的内在是很美丽的，唯一的不足之处，就是太不注重外在的形式与礼仪，因此，他要去说服子桑伯子改变外表的邋遢。

　　有趣的是，子桑伯子的门人听见其主人答应接见孔子，也相当不高兴。子桑伯子说："其质美而文繁，吾欲说而去其文。"他认为，孔子的内在是很美丽的，只是太注重外表的形式与礼仪，因此他要说服孔子去掉这些装饰。

　　这场会面的结果，是谁也没改变了谁。只有质与文的争论，仍一直持续着。

欲速则不达，见小利则大事不成

名句的诞生

子夏为莒父[1] 宰[2]，问政[3]。子曰："无[4] 欲速，无见[5] 小利。欲速则不达，见小利则大事不成。"

——子路·十七

完全读懂名句

1. 莒父：父，音 fǔ。莒父，鲁国一个城邑。2. 宰：邑长。3. 问政：请问为政之道。4. 无：不要。5. 见：只顾。

子夏要到莒父这个地方当邑长，向孔子请教为政之道。孔子说："不要求快，不要只顾小的利益。如果求快，往往不能达到目的；只顾到小的利益，反而使得大事不能成功。"

名句的故事

子夏，姓卜，名商。子夏和子游以文学（古代文献典章制度

280

之学）著称，孔子经常和子夏讨论学问与德行的问题，由于子夏聪颖敏悟，孔子有时深受启发，曾说："起予者商也！"（《八佾·八》）也就是说："能给我启发性思考的，大概就是子夏了吧！"

这一章提到子夏被指派去担任鲁国莒父这个地方的行政长官，临行前，子夏来跟老师请教如何才能把一个地方治理好。孔子告诉子夏：政事有先后本末，主政的人必须按部就班，光求快，是不能达到目的的。而且主政的人，要有远大的理想，如果处处顾到小利益，大事业就无法成功。换句话说，就是告诉为政者，不能短视近利。

子夏后来在莒父改革旧制，大幅改善了老百姓的经济状况。孔子去世之后，子夏到魏国西河地区（济水、黄河之间）讲学，有弟子三百多人，成为"西河学派"一代宗师。但是子夏晚年丧子，哭到失明，晚年生活十分凄凉。

历久弥新说名句

"欲速则不达，见小利则大事不成。"这句话所包含的道理不仅可针对政治，同样也适用于个人处事之道。心理学上有所谓的EQ，这种能力包括有耐力延迟享受，也就是不求快、不只求眼前小利。心理学家曾对四岁的小朋友做实验，把他们个别带到房间里，发给每个人一个棉花糖，让他们选择可以立即吃掉这个棉花糖，或是等研究人员再次回来，小朋友便可以获得两个棉花糖。多年以后，这些孩子长大了，研究发现，能够忍受一时诱惑而得到两个棉花糖的小朋友，长大后多半较受欢迎、较能适应环境、富冒险心、有自信、值得信赖；而受不了棉花糖诱惑的小朋友，长大后则显得较孤单、固执、易受挫折、不敢面对挑战。所谓"欲速则不达"，也表示要以理智战胜冲动的情绪，这也是 EQ 比较高的表现，如同南朝梁·萧绎之言："物速成则疾亡，晚就而善终。"也可理解为"延迟享受"的道理。

俗话说："利字身旁一把刀。"面对伸手可及的利益时，很少人能不心动。但是如果政府官员收受了不当的利益，清廉便毁于一旦；如果记者以利益来取决资料来源，公信力将荡然无存。面对利益时，何妨"见利思义"一下？所谓的"义"就是合宜，做了不合宜的事，总有后悔的一天。工作和事业的发展是长期累积的过程。"登高必自卑，行远必自迩"，只有脚踏实地、步步为营，才能谋大事、立大业。

工欲善其事，必先利其器

名句的诞生

子贡问为仁。子曰："工欲善其事，必先利其器[1]。居是邦也，事其大夫[2]之贤者，友其士[3]之仁者。"

——卫灵公·九

完全读懂名句

1. 利其器：使工具锐利，准备好完善工具的意思。2. 大夫：官位，一解作长官。3. 士：官位位于大夫之下者。一解做一般人。

子贡问行仁的方法。孔子说："工匠想要妥善完成工作，一定要先使工作所需的器具锐利。居住在某一邦国中，必然选择奉事此邦国大夫中的贤能者，结交士人中的仁者为友。"

名句的故事

孔子巧善譬喻行仁的方法和工匠完成工作的要诀。无独有偶，孟子在《离娄》篇用了一个极为相似的论述："离娄之明，公输子之巧，不以规矩，不能成方员，师旷之聪，不以六律，不能正五音。尧舜之道，不以仁政，不能平治天下。"离娄相传是黄帝时代之人，眼力极佳，就算是百步之外的细小物，也逃不过他的法眼。而鲁国工匠公输班，手艺精巧，曾为楚惠王制作云梯来攻打宋国。但孟子说，这两人，如果空有奇佳眼力，或者高超的工艺技巧，却没有画圆的圆规和画方的曲尺，是不能精确地画出方形和圆形的。

传说师旷在音乐上有奇特天赋，他擅长吹奏号角，到了可以呼风唤雨的地步。但孟子说，就算师旷这般的音乐奇才，如果没有六律作为基准，就不能校正乐器的五音。因此，无论是离娄，还是公输子、师旷，都需要"工具"的辅助，否则不足以成就事物的完满性。

政治上更是如此，"尧舜之道，不以仁政，不能平治天下"，孟子认为尧舜有治国之术，若未施行仁政，同样不可能治理好天下。

历久弥新说名句

孔子、孟子，两人强调工具、规范的重要性，但擅长以寓言讽刺时政的柳宗元，却另有一番看法。

他在《梓人传》中说有一梓人（工匠），虽备有尺、圆规、墨线……家中却没有磨利工具的器材，但夸下海口说，没有他，工人就无法盖好一栋房子。更可笑的是，梓人房里的床缺了脚，自己不会修理，还得找其他的工人来修理才行，柳宗元心想此人应是个无能却贪财者。后来，京兆尹修理官署，让柳宗元见识到这名梓人规划官署、指挥工人、按图建造楼宇的高超技术，柳宗元不禁赞叹道："彼将舍其手艺，专其心智，而能之体要者欤！"即梓人应是个舍弃手艺、专用心智又能体会工作要诀的人吧！

在西方，哲人培根对工具的发明运用，有深切体认，他在《新工具》一书的前言写道："印刷术、火药、罗盘，这几样发明……改变了全世界的面貌和发展。"的确，印刷术带来知识的普及；火药促使战争、侵略的可行性大大提升；而罗盘，让航海的领域不断扩张。由此看来，人类的历史，真是写在"工欲善其事，必先利其器"的智能里！

道不同，不相为谋

名句的诞生

子曰："道¹不同，不相为谋²。"

——卫灵公·三十九

完全读懂名句

1. 道：志向。2. 谋：策划事情。

孔子说："各人的理想志向不同，彼此便不能在一起谋划事情。"

名句的故事

根据司马迁在《史记·伯夷列传》的说法，孔子指的是他与伯夷这类型的人"道不同，不相为谋"，因为彼此追求的理想不同，所以也就没有同谋的可能。伯夷是出世的隐士，孔子坚持入世救世，所以可以相互欣赏，但是无法共事。

在《史记·老庄申韩列传》中，司马迁又认为"道不同，不相为谋"指的是儒家与道家二派思想。因为学习老庄学问者，必定不相信儒家所言，而学习儒家学问者，也无法相信老庄的言论，两家可说没什么交集，因此不相为谋。

孔子这句话，历代儒者都解释为，君子之间因为理想或是彼此的学术领域不同，很可能"道不同，不相为谋"。但一般人使用时，倾向指君子与小人不相为谋，对此钱穆解释，"君子与小人有善恶邪正之分"，所以绝难共同为谋。

《易经·系辞》据称为孔子所作，有"方以类聚，物以群分"之说，后世常有人改为"物以类聚，人以群分"，即强调社会是由各种小团体所组成，而不同团体之间的纠纷龃龉，也多由"道不同，不相为谋"而起。

当代学者傅佩荣对"道不同，不相为谋"的看法是，人各有志，选择的人生理想因而未必相同；孔子一方面深信自己把握的是正道，同时也不否定别人有各行其道的自由，这是宽容与尊重的态度。

历久弥新说名句

原本是朋友，但后来因"道不同，不相为谋"，导致最后分道扬镳，历史上的例子有"割席断交"的管宁和华歆。

管宁和华歆是东汉灵帝时人，两人原本是形影不离的好朋友，"焦不离孟，孟不离焦"。然而，有一天管宁和华歆一起除草，突然掘到一块金子，管宁对这块金子视而不见，但华歆却忍不住心动，把金子捡起来放在一旁。之后，两人一起读书，有一位官员坐轿子从他们门前经过，管宁视若无睹，但华歆却忍不住跑去外面张望，一脸羡慕的样子。于是，管宁割断了两人一起坐的席子，然后对华歆说："从今天起，你不再是我的朋友了！"

不过，"道不同，不相为谋"，但不一定就要成为仇敌，有时只是想法与个性冷热不同，就像十八世纪法国哲学家伏尔泰所说："我不赞同你的话，却誓死捍卫你说话的自由。"

法国前总统戴高乐便是此句话的实践者。一九七〇年时，法国政府镇压阿尔及利亚人民的独立运动，作家沙特公开反对法国政府的军事行动，并支持阿尔及利亚脱离法国独立。当时右派人士强烈要求戴高乐政府以叛国罪逮捕沙特，但戴高乐却表示："我们不能逮捕伏尔泰！"（沙特实践伏尔泰）

因此，虽然"道不同，不相为谋"，但要能"容纳异己"，才是真正的民主风范。

唯上知与下愚不移

名句的诞生

子曰："唯上知[1]与下愚不移[2]。"

——阳货·三

完全读懂名句

1. 知：同"智"。2. 移：转移。

孔子说："只有最上等的智者和最下等的愚人是不能改变的。"

名句的故事

"唯上知与下愚不移"因为只有孤立一句，没有上下文说明，历来有很多不同的解释。有人认为，孔子有封建思想，主张贵族阶级是天生的"上知"，而一般老百姓则是永远的"下愚"，上智统治下愚是理所当然的。这样解释未免过于断章取义。"唯上知与下愚不移"可以理解为孔子的教育思想，孔子曾说过："生而知之者，上也；学而知之者，次也；困而学之，又其次也；困而不学，民斯为下也。"（《季氏·九》）

从这句话中可以看出，孔子的"上知"指的是生而知之的人，"下愚"则是就算遇到困难也不去学习的人。生而知之的人无待教导，而困而不学的人根本没有学习动力，所以是不可能改变的。除了某些残缺之外，一般人的本质都差不多，很少有人是"上知"，也很少有人是"下愚"，至于成就会到什么地步，与个人学习的勤奋程度大有关系。孔子说："自行束修以上，吾未尝无诲焉。"（《述而·七》）就算是"下愚"的人，只要愿意学习，孔子还是会传授他知识的。

历久弥新说名句

教学，顾名思义，有人教也要有人学，有强烈学习动机的人效率一定比较好。《礼记·学记》中有一段话："善待问者如撞钟，叩之以小者则小鸣，叩之以大者则大鸣。"学生如果勤奋学习、经常提出问题，老师会教得多；学生如果兴趣缺缺，老师却一味要灌输，会变成填鸭式教育，坏了读书的胃口。

这世界上真的有"生而知之者"吗？孔子当时的人认为圣人就是生而知之者，不过连孔子都表示自己不是，他说："若圣与仁，则吾岂敢？抑为之不厌，诲人不倦，则可谓云尔已矣。"孔子认为，若说他是圣人、仁者，他不敢当，他不过是在这方面不厌地学习，并且不倦地教诲人罢了。

《淮南子·人间训》曰："愚者有备，与智者同工。"天资驽钝的人，如果努力准备的话，也能跟聪明人一样有成就，这句话也就是我们后世所说的"勤能补拙"。每个人天生的禀赋不同，所谓"三分天注定，七分靠努力"，人人都有自己的长处，领导学大师约翰·麦斯威尔（John C. Maxwell）说："成功是清楚地知道自己一生的目的，发挥最大的潜能，散播能造福他人的种子。"所以尽力去认识自己，发现自己的长处，努力开发学习，对人类有帮助，这就是成功。

毕竟上智与下愚这两种极端是少见的，大多数人都落在宽广的中间区域，所以孔子主张"因材施教"，教育也因此有其可能性。上智的人固然生而知之，但普通人立志向前，也有可能超越；同样地，下愚的人只要有学习的心与动机，每天一点一滴地吸收，一定能够摆脱下愚的境地。所以，虽然每个人的资质不相同，但是比起一分的天赋，九十九分的努力绝对占了影响人生的大部分。

往者不可谏，来者犹可追

名句的诞生

楚狂接舆[1]歌而过[2]孔子，曰："凤兮[3]！凤兮！何德之衰[4]？往者[5]不可谏[6]，来者[7]犹可追[8]。已而[9]！已而！今之从政者殆[10]而！"孔子下[11]，欲与之言。趋而辟[12]之，不得与之言。

——微子·五

完全读懂名句

1. 楚狂接舆：楚国的贤人，假装为狂人避世，真实姓名已无从可考，以其接近孔子之车而歌，故称他为接舆。2. 过：经过。3. 凤兮：灵鸟，古代认为世有道则可见凤鸟，世无道时则隐藏不可见。此处是比喻孔子。4. 何德之衰：接舆以凤比孔子，世无道但他却不能隐，是为道德衰败。5. 往者：过去的事情。6. 谏：更改，纠正，挽回。7. 来者：未来的事情。8. 犹可追：还能够补救。9. 已而：已，止的意思；而，语助词，也就是"罢了"。10. 殆：危险。11. 下：下车。12. 辟：同"避"。

楚国一位狂放不羁的狂士接舆，唱着歌经过孔子的马车旁，他唱的歌是："凤凰啊！凤凰啊！你的德性为何如此衰败？过去的已经无法挽回，未来的还来得及把握。算了吧！算了吧！现在从事政治的人都很危险啊！"孔子听他如此唱，下车想跟他说话，那狂士却急行避去，孔子终究无法与他交谈。

名句的故事

根据《史记·孔子世家》，孔子 60 岁时，吴国讨伐陈国，他与弟子一行人在陈、蔡之间受困，因此绝粮七日。这是孔子一生最艰难困顿的时候，许多学生纷纷饿倒生病，虽然孔子依然讲述不止、弦歌不断，但连子路等忠心耿耿的弟子都对老师开始感到怀疑。

后来，孔子一行人由楚昭王出兵迎接救出，楚昭王原本想将书社地七百里封给孔子，但被楚国臣子所阻止，后来昭王过世，孔子还在楚国时，遇到了狂士接舆。

除了接舆外，孔子在楚国遇到的还有长沮、桀溺与荷蓧丈人等隐者，同样劝孔子学他们一样，归隐山林、不问世事，但孔子仍然坚持要入世救世，不肯学隐士与飞禽同住、与草木同枯。

孔子并非没有避世的想法，虽然他屡屡在不得志时表示想归隐，例如在《宪问·三十九》中有："贤者辟世，其次辟地，再次辟色，其次辟言"（贤者看见天下无道，避世隐居；其次，离开这个地方到另一地；再其次，看见别人不重视礼而避去；又其次，听见别人跟自己意见不合而避开）；在《公冶长·七》说：
"道不行，乘桴浮于海"；在《子罕·十三》里表示"欲居九
夷"，都有抛弃一切、到蛮荒之地终老的念头，不过他至死都未
曾如此做。

历久弥新说名句

"往者不可谏，来者犹可追"，表示认识到过去虽有错误，但
现在改正还来得及，或是过去来不及做的事，现在仍有机会追
上，可普遍用于政治、环保、经济等公共领域，也适用于课业、
事业、感情的个人领域。

晋代田园诗人陶渊明的《归去来辞》中也有类似的名句：
"悟已往之不谏，知来者之可追，实迷途其未远，觉今是而昨
非。"在这里，诗人领悟昨非今是，迷途知返，决定及早归返田
园，回到老家耕种荒芜的田地。

与"往者不可谏，来者犹可追"遥相呼应的，还有明朝袁了
凡在《了凡四训》中所说的"从前种种，譬如昨日死；以后种
种，譬如今日生"。《了凡四训》指的是，"立命之学"、"改过之
法"、"积善之方"以及"谦德之效"等四训，为袁了凡以自身
经验告诫儿子为人处世的道理。

在文章中，袁了凡陈述他年轻时曾算过命，预言他几岁会中
秀才、中举人，以及名次是第几，而且是命中无子。因为后来无
不一一应验，所以他也就随浪浮沉，不是很振作，一切听从命运

的安排。

　　后来，他遇到一位禅师开导他说，只有凡夫俗子才会接受命运的制约，而袁了凡也就是因为盲信盲从，才会未中进士、未有子嗣。他听了之后恍然大悟，于是痛改前非、积德行善，下定决心"从前种种，譬如昨日死；以后种种，譬如今日生"。此番态度上的改变打破了算命的预言，之后不但考上进士，并且还喜获麟儿，传下这《了凡四训》。

虽蛮貊之邦行矣

名句的诞生

　　子张问行[1]。子曰："言忠信，行笃敬[2]，虽蛮貊[3]之邦行矣。言不忠信，行不笃敬，虽州里[4]行乎哉？立[5]，则见其参[6]于前也；在舆[7]，则见其倚[8]于衡[9]也。夫然后行。"子张书诸绅[10]。

　　　　　　　　　　　　　　　　——卫灵公·五

完全读懂名句

　　1. 行：古代"行人之言"的行，也就是外交工作。行人：官名，掌管朝觐聘问，即外交事务。2. 笃敬：忠厚、恭敬。3. 蛮貊：蛮，古称南蛮；貊，古称北狄。蛮貊都是古代对偏远地区民族的称呼。4. 州里：指近乡本土，与蛮貊相对。五家为邻，五邻为里，五党为州。5. 立：站立。6. 参：列，显现。7. 舆：车。8. 倚：紧靠着。9. 衡：车辕前用于套牛马的横木。10. 绅：束在腰间的大带。

296

　　子张问怎样在外交事务上四处通达。孔子说："说话要忠诚、信实，做事要忠厚、谨慎，那么虽然处在蛮荒落后的国家，也能无所阻碍。反之，如果说话不忠诚信实，做事不忠厚谨慎，那么即使是近在自己的乡里，又如何能通达无碍呢？站立时，忠信诚实这几个字就好像在眼前；坐车时，这几个字就好像在辕前横木上。做到这样，便能四处通达、受欢迎了。"子张听完便将孔子的话记在腰带上。

名句的故事

　　春秋时期，孔子与弟子们周游列国，进行最早的户外教学。他们去过不少国家，"子张问行"这段对话据说（《史记·仲尼弟子列传》）是发生在陈、蔡两国之间的旅途中。这趟"户外教学"并不如想象中的顺利平安，一下子传言有人（宋国的司马桓魋）要暗杀孔子，另一会儿团长孔子又因迷路而脱队，自己一个人无助地在异国街头东张西望，还被没同情心的当地人取笑为"丧家之犬"。最后，又遇上"绝粮事件"。

　　这时，老老少少一群人开始知觉到，可不是每个国家都会高高兴兴地张开双臂，欢迎你去拜访的。喜欢政治、人又聪明的子张第一个意识到期待的落差，于是，他抓住机会，恭敬地向老师请教，究竟要如何与外国交往。

　　"言忠信，行笃敬，虽蛮貊之邦行矣。"孔子从从容容地说出这一句话。不管走到哪里，道理都是一样的，必须以诚信相待，如果无诚无信，别说是外国了，即便是在自己的国家也是不受欢迎的。这个回答，子张想必是非常地认同，一听完，便立刻认真地把这句话抄写在自己的衣服上了！

历久弥新说名句

据说当初荷兰人来到台湾，向新港社的原住民首领提出，愿意用十五匹粗布，买一块牛皮大小的土地，来堆放货物。原住民点点头，答应了请求。然后，他们眼睁睁地看着"高鼻子的"把牛皮剪成一条长长的细丝，一下就圈去了几百亩的土地，原住民这才学到了什么叫"欺骗"。

然而，在南美洲、在非洲也可以听到几乎一模一样的传说，这种"言不忠信"的故事，几乎变成一个原型，勾勒殖民时代西方人与当地人的"第一次接触"。

当西方人来到东方的中原之地，故事又是如何发展呢？读过孔子书、背过孔子语的清末名将曾国藩有这么一段小故事。有一天曾国藩与学生李鸿章讨论到"外患"问题，他问李鸿章如何与外国人打交道。

李鸿章回答："门生也没有什么主意。我想，与洋人交涉，我只打'痞子腔'。"（"痞子腔"是安徽中部土语，即油腔滑调之意。）

曾国藩以五指捋须，良久不语，徐徐开口说："呵，痞子腔，痞子腔，我不懂如何打法，你试打与我听听？"

李鸿章急忙改口："门生信口胡说,错了,还求老师指教。"

曾国藩于是说："我看来,还是用一个'诚'字。诚能感动万物,我想洋人亦同此人情。圣人有言:'忠信可行于蛮貊',这是不会错的。如果没有实在力量,虚强造作,仍教人一眼看透。不如推诚相见,凡事说道理,总之,信用必须站得住脚,脚踏实地,蹉跌亦不至过重,想来总比'痞子腔'靠得住些,不是吗?"

"是,是。"李鸿章听到这一番话,点头不已。

百工居肆以成其事

名句的诞生

子夏曰："百工居肆[1] 以成其事，君子学以致其道。"

——子张·七

完全读懂名句

1. 肆：市集贸易的地方，工坊。

子夏说："各行各业的人要在制作的工坊里才能专心完成工作，君子则要透过学习才能认识道。"

名句的故事

苏轼在《日喻》中，就曾引用子夏这段话，来说明学与道一体两面的关系。宋神宗元丰元年，苏轼遭王安石手下诬陷，因乌台诗案入狱。苏轼在此案的供词中，提到《日喻》："以讥讽近日科场之士，但务求进，不务积学，故皆空言而无所得。"

《日喻》写道，有个天生的盲人，想知道太阳的样子，有人热心地告诉他，太阳的形状像个铜盘。于是盲人就敲敲铜盘，记住声音。后来他听到钟声时，就以为那是太阳。也有人告诉他，太阳光就像是蜡烛。他一听，摸摸蜡烛，就记住蜡烛的样子。有一回，他摸到了短笛，认为那就是太阳。但太阳和铜盘、蜡烛，实在是有着天壤之别。

苏轼说，道比太阳更难了解，人如果没有真正认识道，和盲人无异。他认为道可以靠修养得来，于是引用子夏的"百工居肆以成其事，君子学以致其道"，强化他的立论，阐述学与道的关系。

历久弥新说名句

求学与求道，一向是儒学的大学问，两者好像不离不弃似的，但道家思想却不这么认为。老子一句"为学日益，为道日损"，直指这些人为造作之学，不利于求道。

传统主流，一向紧扣着学与道，到了近代"学以载道"的负担变轻了，学，纯为乐趣，看看梁启超《学问的趣味》就能略知一二。他说，要尝学问的乐趣，得要：一、无所为而读，只为趣味；二、不息；三、深入研究；四、找朋友切磋。关于第二项"不息"，他的叙述尤其精彩："'鸦片烟怎样会上瘾？''天天吃。''上瘾'这两个字和'天天'这两个字是离不开的。凡人类的本能，只要那部分搁久了不用，他便会麻木，会生锈。"

依据梁启超先生的观点，读书人孜孜不倦，凭的就是这种吃鸦片的精神，上瘾后，天天不"嗑"点墨水来读，恐怕比死还难受。

英国哲学家培根，一向就爱论东论西，当然也要《论求知》一番。他罗列求知的功能，由此演绎出一番"道"："知识能塑造人的性格。"因为读不同种类的书，有不同的功能：读史明智，读诗聪慧，演算精密……哲学家因此得到求知与"治病"的关系："一个注意力不集中的人，他可以研习数学，因为数学稍不慎就出错。缺乏分析判断力的人，可以研习经院哲学，因为这门学问最讲究繁琐辨证。不善于推理的人，可以研习法律案例……这种种智力上的缺陷，可以透过求知来治疗。"

从哲学家逻辑清楚的"求知论证"中，我们可以证明"为学日益，为病日损"为真，得天天抽"书鸦片"来"治疗"了！

宗庙之美，百官之富

名句的诞生

　　叔孙武叔[1] 语大夫于朝，曰："子贡贤于仲尼。"子服景伯[2]以告子贡。子贡曰："譬之宫墙，赐[3] 之墙也及肩，窥见室家之好；夫子之墙数仞[4]，不得其门而入，不见宗庙之美，百官之富。得其门者或寡矣。夫子[5]之云，不亦宜乎！"

——子张·二十三

完全读懂名句

　　1. 叔孙武叔：指的是鲁国的大夫叔孙州仇，武是他死后的谥号。2. 子服景伯：鲁国大夫，姓子服，名伯，景是他的谥号，也是孔子的弟子。3. 赐：子贡的名字为端木赐，自称赐。4. 仞：古代的长度单位，相当于现在的六尺，也有人说是八尺。5. 夫子：在此指叔孙武叔。

　　鲁国的大夫叔孙武叔在朝堂上，告诉其他士大夫："我觉得子贡比他的老师孔子还贤能呢！"因此同样身为鲁国大夫的孔子学生子服景伯，将这番话告诉了子贡。子贡说："用门墙来比喻吧！我的学识浅薄，所以就像高度只到一般人肩的墙壁，从墙外容易看到家里的美好，而老师就像有数仞高的宫廷墙壁，一般人连门在哪都不知道，更何况看见宗庙装饰的美丽、文武百官的富盛。能够找到大门进入并窥见孔子道理的人或许很少吧！叔孙武叔不了解我的老师，会这么说也是难免的啊！"

名句的故事

此章的时间背景应在孔子死后，当时子贡名声正盛，因此叔孙武叔才会如此说。孔子晚年时，对他最崇敬的弟子就是子贡，孔子死后，众弟子都为孔子服丧三年，子贡却在孔子墓旁筑了间屋子，守墓守了六年。

后世有学者批评孔子诸弟子进行"造神运动"，除了子贡、宰我、有若，曾子也极力神化孔子。在某些人眼中，弟子们的做法也许太过，但正因孔子春风化雨的教育，才能让众弟子感念不已。

根据《孟子·公孙丑》，宰我说："以予观于夫子，贤于尧舜远矣。"他认为孔子比尧舜还要圣明。有若说："自生民以来，未有盛于孔子也。"有历史以来，没有一个人比孔子贤德。在《孟子·滕文公》中记载曾子说："江汉以濯之，秋阳以暴之，皓皓乎不可尚已。"用长江、汉水洗濯它，用秋天的太阳曝晒它，孔子学问道德的纯洁明亮是无人可比拟的。

历久弥新说名句

后世称拜入师门为"列入门墙"，而曾经被老师开除又重回师门，则称"重入门墙"。金庸的武侠小说《笑傲江湖》，令狐冲被师父岳不群赶出华山派，恒山派定闲师太劝他不如自立门户，令狐冲便答："师伯奖饰之言，弟子何以克当？但愿恩师日后能原恕弟子过失，得许重入门墙，弟子便无他求了。"

"宗庙之美，百官之富"通常指学问精彩深奥，而能够抓住其核心，就是已经"窥其堂奥"，相反的就是"不得其门而入"了。从此章引申而出的成语，还有"窥其堂奥"、"不得其门而入"。

另外，《论语》此章原寓意孔夫子学问道德高深，若要求取上进，并无快捷方式，唯有进黉门或泮宫（皆为古代学校）潜心修习。各地孔庙的照壁，根据此章延伸，皆写有"万仞宫墙"四字，表示儒门学问精深博大。

君子之德，风

——领导风格

譬如北辰，居其所而众星共之

名句的诞生

子曰："为¹ 政以² 德，譬如北辰³，居其所⁴ 而众星共⁵ 之。"

——为政·一

完全读懂名句

1. 为：治理。2. 以：凭借。3. 北辰：北极星，古人认为是天的中心。4. 所：位置。5. 共：同"拱"。众星拱之，指围绕北极星旋转运行。

孔子说："政治领袖以道德来治理国家，就像是北极星一样，安居在它应有的位置上，其他星辰便会围绕着归向它。"

名句的故事

针对孔子这段话，宋代的学者程颐、范纯夫与朱熹都将它与老子、庄子的学说相连接。范纯夫解释"为政以德"就是以简、静、寡三德治国，"以至简而能御烦，以至静而能制动，以至寡而能服众"，也就是用最简单的原则处理繁杂的国事，以不变应万变，让最多数的民众相信。而朱熹认为，"为政以德"之后便是无为而治，如此就能够天下归心。

孔子在此章讲"为政以德"，便能如众星拱北极星般政治清明，在《季氏·一》里，他也提到了"若远人不服，则修文德以来之"，也是认为为政者应先修德，修好德之后人民自然是近悦远来。

《吕氏春秋·具备》记载了一个"为政以德"的范例。宓子担任鲁国的地方官，经过三年，鲁国国君派人暗地查访他的政绩，使者看到渔夫即使在夜晚都把抓到的小鱼放生，便问他们为什么，渔夫回答说："宓子不希望因捕小鱼，而让鱼源枯竭，所以我们就放回去。"

后来使者请教孔子，为何宓子能将地方治理得这么好，孔子回答："以诚待民，以德治众。"宓子必定是率先做示范，所以在他的影响和感召下，百姓也都成了有德之人。

历久弥新说名句

清朝曾国藩所说的"风俗之厚薄奚自乎？自乎一二人之心之所向而已"，便与"为政以德"相当接近，同样认为风俗厚薄端赖在上位者德行高低，上梁不正、下梁必歪。曾国藩接着解释说："此一二人者之心向义，则众人与之赴义；一二人者之心向利，则众人与之赴利。"如果在上位的人一心向道义看，那么众人也会以道义为依归；如果一心向金钱看，那么众人便会一起趋利避义。

曾几何时，孔子、曾国藩的话对于奉行"政治是高明骗术"的当代人而言，已是那样的遥不可及，现代政治人物信仰的是马基维利的政治权术，而不是儒家先得修身、齐家才能治国、平天下的道理。好莱坞电影《桃色风云摇摆狗》称得上"政治是高明骗术"的最佳脚注。电影中，美国总统卷入了性丑闻风波，然而大选即将到来，想竞选连任总统的声望江河日下，白宫上下焦头烂额、束手无策。

最后，白宫请出所谓的危机处理专家，联合好莱坞超级制作人，利用影像制造出一场虚拟的对外战争，转移大众对性丑闻的注意力。民众因这场假战争同仇敌忾，总统也因此逃过性丑闻风暴，顺利蝉联宝座，过不了多久，也没几个人记得这场战争了。

电影影射的是克林顿，尽管克林顿对自己的性丑闻遮遮掩掩，事实真相却是明明白白的。

举直错诸枉，则民服

名句的诞生

哀公问曰：“何为¹ 则民服²？”孔子对曰³：“举⁴ 直⁵ 错⁶ 诸⁷ 枉⁸，则民服；举枉错诸直，则民不服。”

——为政·十九

完全读懂名句

1. 何为：怎样做。2. 服：信服，服从。3. 对曰：《论语》中记事的文例。凡臣下对国君的询问，一定要用“对曰”。4. 举：举用。5. 直：正直的人。6. 错：同“措”，安置，安放。7. 诸：“之”、“于”的合音词，相当于“之于”。8. 枉：邪曲的人。

鲁哀公问孔子：“怎么做才能使人民都信服呢？”孔子回答说：“举用正直的人，安置在邪曲的人之上，人民就会信服；把邪曲的人放在正直的人之上，人民就不会信服。”

名句的故事

　　鲁国遵循周礼，由公族执掌大权。鲁公族中以孟孙氏、叔孙氏、季孙氏势力最大，因为他们都是鲁桓公的子孙，所以合称"三桓"，其中又以季孙氏势力最强。鲁哀公身为一国国君，却不能行国君之实。孔子68岁时，在外漂泊十几年之后，回到家乡鲁国。在他刚回鲁国的时候，鲁哀公为了要争取民心，向孔子请教如何使民心顺服。孔子的回答主要是放在"用人"的问题上，他跟鲁哀公说明："只要拔擢贤才，罢黜不正派的人，人民自然会信服，国家政局也会安稳；反之，若是在上位者都是邪曲之人，贤能之人不能出头，老百姓不服从，是非真理无法厘清，国家大局自然不稳。"但是鲁哀公并没有认真把孔子的话听进去，后来一度想借越国的力量讨伐三桓，失败后却反被三桓逼逐出国。鲁国在不断的内耗之中，最后终于被楚国所灭。

历久弥新说名句

　　《韩诗外传》里有一则"鸡不如鹤"的故事，其中提到有个叫田饶的人，在鲁哀公身边默默耕耘了好些年，但鲁哀公却一直没有重用他。有一天，田饶就对鲁哀公说："臣将去君，黄鹄举矣。"田饶表示，他决定要如同鸿雁一般展翅高飞，离开鲁哀公。哀公问："为什么呢？"田饶说："君独不见夫鸡乎！首戴冠者，文也；足搏距者，武也；敌在前敢斗者，勇也；得食相告，仁也；守夜不失时，信也。鸡有此五德，君犹日瀹而食之者，何也？则以其所从来者近也。"田饶这番话的意思就是："您难道没看过鸡吗？鸡头上戴着大红的鸡冠，非常文雅；它双脚长有锋利的爪子，十分英武；面对敌人时毫不畏惧敢斗敢拼，格外勇敢；看见食物时总是招呼同伴们一起来享用，特别仁义；它还忠于职守，早起报时从不误事，极其守信。尽管雄鸡有着这么多长处，可是大王还是漫不经心地吩咐把它煮了吃掉。这是什么原因呢？因为雄鸡经常在您身边，您每天见惯了它，习以为常，它的光彩在大王眼里便黯然失色，大王感觉不到它那些杰出的优点与才能。"

但是黄鹄（即鸿）就不同了，田饶继续说："夫黄鹄一举千里，止君园池，食君鱼鳖，啄君黍粱，无此五者，君犹贵之，以其所从来者远矣。"田饶的意思是："那鸿鸟，从千里之外飞来，落在大王的水池边，它啄食大王池中的鱼鳖；落在大王的田园里，毁坏大王的庄稼。鸿鸟没有雄鸡的那些长处，可是大王依然很器重它。这又是为什么呢？因为鸿鸟是从遥远的地方来的，大王对它怀有一种新奇感，它的一切作为，大王都认为是非常伟大的。"所以，田饶最后要求鲁哀公："请大王让我也像鸿鸟一样远走高飞吧！"

唐代诗人鲍防即曾以这个故事为题材，写出诗句："远物皆重近皆轻，鸡虽有德不如鹤。"此与俗话"远来的和尚会念经"有异曲同工之妙，都是形容人贵远贱近、无法"举直错诸枉"之意。

君子之德，风；小人之德，草

名句的诞生

季康子问政于孔子，曰："如杀无道以就有道[1]，何如？"孔子对曰："子为政，焉[2]用杀？子欲善而民善矣。君子[3]之德，风；小人[4]之德，草。草上之风，必偃[5]。"

——颜渊·十九

完全读懂名句

1. 杀无道以就有道：无道与有道，泛指恶人与善人。整句话的意思是：杀掉坏人，来成就好人。2. 焉：何必。3. 君子：在上位的执政者。4. 小人：老百姓。5. 偃：倒伏。

季康子向孔子请教政事，季康子说："如果把坏人杀掉，来使百姓畏惧而成为好人，您认为怎么样？"孔子说："您施政何必要用杀戮的方式呢？您有心为善，百姓就会跟着为善了。执政者的言行表现就像风一样，一般百姓的言行表现就像草一样，风吹在草上，草一定跟着倒下的。"

名句的故事

根据《左传》记载，鲁哀公三年（公元前 492 年）时，季桓子（季孙斯）过世，季康子（季孙肥）继位，孔子当时 60 岁。这一年，孔子特别辛苦，他离开卫国，经过宋国，到了陈国。季康子继位后，本来要迎接孔子回国，但是受到鲁国贵族的阻挠，贵族中有一个叫公之鱼的，认为只要请孔子的学生冉有一类的人回来就可以了。

于是在鲁哀公十一年（公元前 484 年）时，季康子请冉有回鲁国，冉有回鲁国不久后，齐军侵入鲁国，冉有率领的军队打了胜仗，立了大功。季康子问冉有："你的军事才能是天生的还是学来的呢？"冉有说："是从孔子那里学的。"于是，季康子便派人带了重礼迎接孔子回国。

这时孔子已经是 68 岁的老人了。孔子回国后，季康子向孔子请教安定社会秩序的方法。季康子认为乱世要用重典，但孔子主张仁政，他认为只要执政者施政往好的方向，人民安居乐业，社会秩序自然就会变好。这段话后来常简化为"风行草偃"，比喻在上位者应该以德化民。

历久弥新说名句

在中国的政治思想发展中，德治与法治一直是个争论的焦点。德治与法治源于对人性的不同见解。主张性善的，认为为政者应该以身作则，启发人民的善根，这一派以孔、孟为代表；主张性恶的，认为治乱世要用重典，以法家为代表。事实上，法治虽然收效迅速，但却无法持久，老子就曾说："民不畏死，奈何以死惧之！"（《道德经》第七十四章）相较之下，德治需要长时间的酝酿，但却是使人民心悦诚服的基石。

其实在治国上，德治、法治不相冲突，是可以并行不悖的。《礼记·乐记》中有："礼以导其志，乐以和其声，政以一其行，刑以防其奸。礼乐刑政，其极一也，所以同民心而出治道也。"说的是礼乐刑政功能虽然不同，但目标一致，可以相辅相成。唐代开国者从隋朝的暴政亡国中学习历史经验，得到的结论是：政权生死存亡的关键在于人心向背。唐太宗李世民在《唐律疏议》里说："德礼为政教之本，刑罚为政教之用，犹昏晓阳秋相须而成者也。"意思即，德礼是行政教化的根本，刑罚是行政教化的表现；德礼和刑罚就犹如白天和黑夜、夏天和秋天一样是不可或缺的。历史上，唐代可说是有意识结合了德治和法治思想并取得实效的典范。

《资治通鉴》中有一则关于唐太宗的小故事，可以说明德、法并重的理念。

　　有一次唐太宗及部属在选拔官员时，发现居然有人胆敢假冒，太宗非常愤怒，发布命令打算将他们处死。兵部郎中戴胄便劝阻说："依照法律应该流放。"太宗说："难道你想遵守法律而使我失去信誉吗？"戴胄回答："皇帝的命令是出于一时喜怒下达的，然而法律才是国家所公布，用来取信于天下的。陛下对欺诈之事深感愤恨，因此要杀掉他们，尽管您很清楚按照法律不可以这么做。如果您能忍下一时之气，谨遵法律来衡量罪刑，如此才能够真的取得整个天下的信任啊！"太宗说："你能这样执法，我还有什么好担心的呢！"之后戴胄仍直言进谏，太宗都听从了他的意见，避免冤狱的发生。

　　如果在上位者，本身都能遵守法律行事，那么风行草偃之下，得到人民的拥戴及支持就是再自然不过的事了。

君君，臣臣，父父，子子

名句的诞生

　　齐景公[1] 问政于孔子。孔子对曰："君君[2]，臣臣，父父，子子。"公曰："善哉！信如君不君，臣不臣，父不父，虽有粟[3]，吾得而食诸[4]？"

——颜渊·十一

完全读懂名句

　　1. 齐景公：名杵臼，谥号为景。2. 君君：第一个字是名称，第二个字是其实质。指有君主的名称就必须有君主的实质。3. 粟：俸禄，粮饷。4. 食诸：等于"食之乎"、"吃得下去吗"的意思。

　　齐景公询问孔子如何治理政事。孔子回答说："当君王就要尽君王的道理，当臣子就要尽臣子的道理，当父亲就要尽父亲的道理，当子女就要尽子女的道理。"景公说："说得太好了！如果君王不尽君道，臣子不尽臣道，父亲不尽父道，子不尽子道，就算有俸禄粮饷，我能够安心享用吗？"

名句的故事

根据《史记·孔子世家》记载，孔子见齐景公时是三十五岁，因鲁国内乱，孔子才前往齐国。为了接近齐景公，孔子还做了齐国贵族高昭子的家臣。

到了隔年，齐景公向孔子问为政之道，孔子表示"君君，臣臣，父父，子子"，以及"政在节财"。孔子会如此说，是因为当时齐国由陈氏大夫独揽大权，搞得君主不像君主、臣子不像臣子，齐景公有许多小老婆，又不肯立太子，因此人心浮动、国无宁日。

齐景公相当赏识孔子，想要封一块地给他，但因当时齐国宰相晏婴从中阻挠，于是作罢。之后，孔子回到鲁国，渐渐得到倚重，由中都宰升任司空，五十几岁时做到可以参与国政的大司寇，使得鲁国显现"励精图治"的气象。

不过，这使得一心想把鲁国当成附庸的齐国大感不安，齐景公派遣使者前往鲁国，要求与鲁定公夏天时在夹谷（今山东莱芜）会盟。原本齐景公打算在两国会盟中压迫鲁国屈服在齐国武力之下，因有孔子的据理力争，鲁国反倒将过去被齐国强占的大片土地争取回来，是鲁国史上少有的外交胜利。

齐景公终究没有听进孔子"君君，臣臣，父父，子子"的劝告，后来因为继承人不定，招致陈氏弑君篡国的灾祸。

历久弥新说名句

历史上，属于"君不君"的还有明武宗朱厚照，就是戏曲《游龙戏凤》里的正德皇帝。他生性桀骜不羁、喜欢放鹰猎兔，不但不理朝政，任由宦官刘瑾把持朝政，自己只顾着饮酒寻欢，甚至在皇宫中养起豹来。

他还讨厌当了皇帝便不能够再"加官晋爵"，因此在明朝好不容易打败北方的鞑靼后，竟然封自己为"威武大将军"、"太师镇国公"。当宁王在江西起义时，他也以威武大将军的名义讨伐，只不过是带着十多万人游玩作乐、荒唐奢靡，战争还是由别人去打。

汉代董仲舒将"君君、臣臣、父父、子子"发展成"三纲五常"，但后世某些腐儒却曲解为"君要臣死，臣不得不死；父要子亡，子不得不亡"。明末的王夫之认为岳飞便是受到这观念的误导，而由南宋的"昏主奸臣"宋高宗与秦桧剥夺军权与生命，留下一段令人扼腕的历史！

近者说，远者来

名句的诞生

叶公[1]问政。子曰："近者说[2]，远者来[3]。"

——子路·十六

完全读懂名句

1. 叶公：叶，音 shè，楚国地名。叶公，楚国叶城首长，姓沈，名诸梁，字子高。2. 说：同"悦"。3. 来：同"徕"，招徕，归附。

叶公向孔子问为政之道。孔子说："使境内的老百姓安居乐业，使境外的人民来归附。"

名句的故事

孔子 63 岁的时候，带领弟子到了负函这个地方，负函虽然属于蔡国，但因蔡国是一个小国，夹在吴、楚两国之间，处境艰难。负函住的是蔡国人民，却由楚国的叶公统治着。当孔子到达负函时，叶公就来请问孔子如何才能把一个地方治理好，孔子的回答针对叶公当时的状况，一个强国的统治，恐怕带有歧视的眼光，而领导者不能得到民心的话，自然就无法治理好地方，所以孔子告诉叶公，为政之道就是要使"近者悦，远者来"。

叶公很佩服孔子，他问子路："你的老师到底是一个怎么样的人呢？"子路一时语塞，不知如何回答。孔子知道后，就跟子路说："你怎么不告诉他，孔丘这个人'发愤忘食，乐以忘忧，不知老之将至云尔'。"（《述而·十八》）在经过多年流离之后，孔子仍能讲出这番话，可见他是多么乐观、知天命啊！

历久弥新说名句

"近者说，远者来"，后来成为成语"近悦远来"，今天我们常在古装片中看到"悦来客栈"，店名也是出自于《论语》呢！

古代和现代虽然政体不同，但是为政者想要政通人和的话，道理都是千古不变的，就是要"爱民如子"。汉代刘向在《说苑·政理》有言："善为国者遇民，如父母之爱子、兄之爱弟，闻其饥寒为之哀，见其劳苦为之悲。"唯有人民丰衣足食、心情愉快，为政者才能得到老百姓的拥护。《孟子·公孙丑》中有一句："得道者多助，失道者寡助。寡助之至，亲戚畔之。多助之至，天下顺之。"平时常见的"得道多助"便是出自孟子的这段话。它的意思就是：如果站在正义的一方行事，就能得到许多协助，相反的，就会失道寡助。寡助到最后，甚至连亲戚都会背叛你，而如果得道多助至于极点的话，天下人都会来归附，自然可以得到民心。

百姓就像水，"水能载舟，亦能覆舟"，得民心的话，施政就像顺水行舟，自然"近者说，远者来"；但如果不得民心的话，施政将如同在急流中行舟，困难重重。关于为政者要如何使近悦远来，《老子》六十六章强调："欲上民，必以言下之；欲先民，必以身后之。"意思是，想要处于领导人民的上位，一定要成为在下人民的喉舌；想要在人民之先领导人民，就要把自身的利益放在人民之后。《晏子春秋》中也有云："节欲则民富，中听则民安。"对于这样把百姓的利益放在前头，又能倾听人民声音的领导者，人民自然"乐推而不厌"，这不就是"近者悦，远者来"的境界吗？为政之道，首重民心，这道理在任何需要管理的情境中都是颠扑不破的。

以不教民战，是谓弃之

名句的诞生

子曰："以¹不教²民战，是谓弃³之。"

——子路·三十

完全读懂名句

1. 以："用"的意思。2. 教：教导，训练。3. 弃：抛弃。

孔子说："用未经过训练的人民组成军队去作战，就等于将人民送给敌人、舍弃他们不顾。"

名句的故事

孔子身处春秋之世、列国争霸之际，对于战争军事不可能完全避而不谈。《史记·孔子世家》记载，鲁定公在位时，孔子担任大司寇一职，对于鲁国的政事有诸多建树，而当时齐国强势，想要取代周天子的地位，每每对鲁国产生威胁。齐景公在晏婴的建议之下，对鲁定公提出"夹谷会盟"的邀请，鲁定公则委请孔子负责会盟事宜。孔子便表示："臣闻有文事者必有武备，有武事者必有文备。"意思是，有文化建树的国家必然会有军事准备，有军事准备的国家也一定懂得文化礼节。因此，孔子建议鲁定公安排兵士护驾，要谨防齐景公届时突然起事。由此可见孔子对于战事军备的态度。

当孔子与子路谈论用兵之事时，他说："以不教民战，是谓弃之。"就像鲁国当时，对于他国没有侵犯之意，但是其他国家却屡屡威胁鲁国，如果平时没有教导人民作战方法，并做好上场打仗的准备，一旦遇到战争，就会临阵慌了手脚。

历久弥新说名句

春秋战国在"王道"与"霸道"的交织下，许多人对于战争与和平都有丰富的见解。

《卫灵公·一》记载，卫灵公问孔子关于军队布阵的事情，孔子回答说："俎豆之事，则尝闻之矣；军旅之事，未之学也。"意即："关于祭祀礼制的事，我倒是听说过；至于军队征伐的事，我却没学过。"对于军阵，为什么孔子没有答案呢？因为孔子认为，政事比军事更重要，如果政事没有处理好，即使有很精锐的军队，也是无用。更何况在孔子的标准中，卫灵公是无道之君，所以孔子干脆告诉他没学过。

政事先于军事，就是要先照顾好百姓，所谓"足食，足兵，民信之矣"（《颜渊·七》）。

战国时，魏将吴起也说："故用兵之法，教戒为先。一人学战，教成十人；十人学战，教成百人；百人学战，教成千人；千人学战，教成万人；万人学战，教成三军。"（《吴子·治兵第三》）吴起的意思是，调用军队首先要教导战术，一个人学好去教导十个人，十个人学好就可以教出一百个人，如此百人成千人，千人成万人，军队成形。由此可见古人对于养民、教民的重视，教民也不只是伦理道德，还包括教民如何面对战争，恪遵"教而后战"的原则。

西方对于战争阐述最精彩的是克劳塞维兹（Carl von Clause-witz，1780—1831）的《战争论》，此书充分表达"战争是政治的工具"概念。作者认为战争不是独立的，应视为政治性的工具，是政治关系的一种延续，战争如何发展，取决于政策如何发展。纵观十九世纪以来，欧美两大洲的各式战争，包括第一次世界大战，均反映了克劳塞维兹的军事思想。

名不正，则言不顺

名句的诞生

子路曰："卫君[1]待子而为政，子将奚先[2]？"子曰："必也正名[3]乎？"子路曰："有是哉？子之迂[4]也！奚其正？"子曰："野[5]哉由也！君子于其所不知，盖阙如[6]也。名不正，则言不顺；言不顺，则事不成；事不成，则礼乐不兴；礼乐不兴，则刑罚不中[7]；刑罚不中，则民无所措[8]手足。故君子名之必可言也，言之必可行也。君子于其言，无所苟[9]而已矣。"

——子路·三

完全读懂名句

1. 卫君：指卫灵公的孙子出公辄，辄的父亲蒯聩是太子，因罪逃往国外，灵公卒，由辄继为卫君。后来蒯聩回国，取得君位，辄则出奔，因此称为出公辄。2. 奚先：指以什么为先。3. 正名：名指名分，当时卫出公在位，但其父蒯聩出亡在外，却不得继位，父子君臣的名分有待导正。4. 迂：远于事情，不切实际，指不是今日之急务。5. 野：不明白事理。6. 阙如：阙，缺少、没有的意思。如，语助词。7. 中：公正不偏不颇。8. 措：安置。无所措手足，就是连手脚都不知怎么放。9. 苟：苟且、将就。

子路说："如果卫君有意请您去治理国政，您要从哪一件事开始做起？"孔子说："首先必须导正名分吧！"子路说："有这个必要吗？您未免太过不切实际了吧！这名又如何导正起啊！"孔子说："你真是不明事理！君子对于自己不懂的事，就应该保留不说。名分不正，那么说出来的话就不合理；话不合理，什么事也办不成；事情办不成，便不能推行礼乐；礼乐不能推行，单用刑罚，刑罚就不会公正；刑罚不公正，民众就会手足无措。因此，君子定下名来，必定要能说得出口，说得出来一定要能够行得通，君子对于自己的言论，没有一丝苟且。"

名句的故事

《左传》记载，鲁定公十四年，卫灵公的儿子蒯聩因为痛恨母亲南子淫乱，派人想杀死母亲不成，而逃到宋国。这一年卫灵公过世，南子立了蒯聩之子辄为卫国的君王，之后晋国派兵帮助蒯聩意欲夺回政权，并且攻陷了卫国数座城池，他的儿子辄不答应退位，历史家称他们父子争国。

根据《史记·孔子世家》，孔子说这段话时为辄在位为卫君的第四年，当时孔子弟子高柴、子路等皆在卫国当官，辄希望孔子辅佐他，因此请子路来问孔子这段话。孔子说"必也正名乎"，就是希望辄能先将王位还给应该继承王位的父亲，做不到就免谈。

不过，辄并没有将王位还给父亲，孔子所预言的悲剧还是发生了，蒯聩最后攻下卫国成为卫君，而辄也逃亡了。在这场战事中，孔子的弟子子路因此丧命，让孔子伤心不已。

历久弥新说名句

"名不正，则言不顺"，现在多简称为"名正言顺"，儒家相信，有正确的、稳固的名实关系，才会有安定的秩序，一旦名实关系出现错乱，必须根据一定的原则进行"正名"。有人误以为正名后就一切水到渠成，然而这只是第一步。

"名正言顺"现常被用于婚姻与政治，前者指的是必须有真名实份，才算是真正的夫妻，而后者是指要有正当的理由，才能从事某些政治或军事行动。

在张爱玲的《倾城之恋》中便曾出现婚姻名分的吊诡。"柳原现在从来不跟她闹着玩了。他把他的俏皮话省下来说给旁的女人听。那是值得庆幸的好现象，表示他完全把她当自家人看待——名正言顺的妻。然而流苏还是有点怅惘。"

《三国演义》写到诸葛亮劝刘备在四川自立为帝时说："今大王名正言顺，有何可议？岂不闻天与弗取，反受其咎？"就是指刘备原为汉室后人，称帝乃是"名正言顺"，不称帝反而会招致天怒人怨。

而僭越本分、以下犯上，司马昭当属"代表人物"。三国末年，魏国大权掌握在大将军司马昭之手，魏帝成了傀儡。有一天魏帝召集侍中王沈和尚书王经商量对付司马昭的方法，他说："司马昭之心，路人皆知也。"司马昭想杀死魏帝篡位的念头，连路人都知道。然而，王沈和王经两人却倒向司马昭，魏帝随即死于非命。此后，"司马昭之心"便指一个人不安本分、野心极大。

不在颛臾，而在萧墙之内也

名句的诞生

孔子曰："求！君子疾夫：舍曰欲之¹，而必为之辞²。丘也闻有国有家者³，不患寡而患不均，不患贫而患不安⁴。盖均无贫，和无寡，安无倾。夫如是，故远人⁵不服，则修文德以来之⁶。既来之，则安之。今由与求也，相夫子，远人不服而不能来也；邦分崩离析⁷而不能守也，而谋动干戈⁸于邦内。吾恐季孙之忧，不在颛臾，而在萧墙⁹之内也！"

——季氏・一

完全读懂名句

1. 舍曰欲之：心中是贪图利益，但是嘴上却不说。2. 辞：掩饰的话。3. 有国有家者：有国者指诸侯，有家者指食邑之卿、大夫。4. 不患寡而患不均，不患贫而患不安：依照清朝俞曲园所著《古书疑义举例》，"寡"和"贫"两个字应该互调，因为"贫"和"均"指财而言，"寡"与"安"指人而言。不均是指贫富悬殊，不安是说上下不协。5. 远人：远方的人，依照朱熹的说法，是指颛臾。6. 修文德以来之：修是整治；文德指礼乐文教；来是招徕，使来归附的意思。7. 分崩离析：内部四分五裂、支离破碎。8. 动干戈：干和戈均是古代武器的名称，此处用来指发动战争。9. 萧墙：萧是肃敬，墙是屏门。古代君臣相见之礼，至屏而肃敬，所以萧墙，用来比喻内部或至近之地。

孔子说："求！君子最痛恨的就是：有意隐瞒自己的贪欲，却还一味地为自己说些牵强的话来搪塞。我曾经听说过，有国有家的国君不愁土地、人民太少，只愁不能使人民安定；不愁贫乏，只愁不能将财富分配平均。如果能各得其分，使财富分配平均的话，就不会有贫乏的情形；彼此和洽，就不会嫌人民少；上下相安，就不会有倾覆的危险。能这样，远方的人还不顺服的话，我便整顿礼乐文教去感化他们。当他们前来归附时，便要安抚他们。现在由和求两人做季氏的家臣，远方的人不顺服，而不能使他们归附，国家分离瓦解，又不能保持完整，却还想在国境之内妄动军事，我恐怕季孙的祸患不在外面的颛臾而在是在自家里面啊！"

名句的故事

在公元前 659 年，季友立公子姬申为国君，也就是鲁僖公。同年，季友迫使莒国将乱臣庆父交还鲁国。由于季友对鲁国王室忠心耿耿，并对鲁国的安定有所贡献，僖公把汶水北方的土地以及费这个地方赐给他，并命季氏世代为上卿。于是，费地成为季氏的私邑，而季友的子孙被称为季孙氏。而颛臾在商代即是方国，周成王时颛臾是鲁国附庸，位于鲁国首都曲阜和季氏采邑费城之间，周王室授权它祭祀蒙山。现在季孙氏竟以颛臾靠近费邑，将来会给子孙带来威胁为借口，打算对这在鲁国疆域之内的附庸国大动干戈，孔子十分反感，并反对他的擅自征伐。这时，子路和冉求分别担任季孙氏的家臣和费邑宰，他们把这个消息告诉了老师之后，孔子说明季氏不应攻伐颛臾的理由，最后这句"吾恐季孙之忧，不在颛臾，而在萧墙之内也"，真是一语道破了季氏伐颛臾的真正原因啊！

萧墙原指宫室内当门的小墙或屏风，但这里的"萧墙之内"则暗指鲁君。当时季孙氏把持鲁国朝政，担心有朝一日鲁君收回主权，颛臾会帮助鲁君，于是打算先下手为强，消灭颛臾。所以孔子的意思是，季孙之忧不在颛臾，而在鲁君（萧墙之内）。之后，这句话就演变为"祸起萧墙"或"萧墙之变"，喻指祸患出于内部。

历久弥新说名句

"不在颛臾，而在萧墙之内也"或是"祸起萧墙"，让人联想到"兄弟阋墙"这句成语，指兄弟内部失和，源自于《诗经·小雅·常棣》："兄弟阋于墙，外御其务。每有良朋，烝也无戎。"

意思是说，兄弟在家里虽然争吵不休，一旦遇有外侮，却能共同抵御，而平日的好朋友，遇到事情却不会来相助。后来"兄弟阋墙"，也用来比喻团体内部不和睦。

　　"墙"这个字在日常生活中是很普遍的，指区隔内外或划分空间之物。在欧洲曾有一座硬生生区隔人类自由灵魂的围墙"柏林围墙"，第二次世界大战过后德国分为东、西德，东德政府就在 1961 年 8 月 13 日于柏林建了一道围墙，以防止东德人逃到西德，结果西柏林被围成孤岛，从此，柏林被分为东西两部分，这就是冷战的开头。直到 30 多年后，1989 年 11 月 4 日，东柏林举行 50 万民众的大游行，东德领导人在和平示威的压力下终于辞职并宣布新法令，使东德人民享有自由旅行权利，并拆除柏林围墙结束了东西德多年的敌对局面。今天在柏林还可以看到围墙遗迹以及墙上的涂鸦，纪念这段充满血泪的历史。而现在也有人用"如柏林围墙的倒塌"一语，来比喻胜利在望。

恶紫之夺朱也，恶郑声之乱雅乐也

名句的诞生

子曰："恶紫[1]之夺朱[2]也，恶郑声[3]之乱雅乐[4]也，恶利口[5]之覆[6]邦家[7]者。"

——阳货·十八

完全读懂名句

1. 紫：以黑加赤而为紫，中间色、杂色。2. 朱：红色，古人以朱为正色，喻正统。古人认为的正色尚有黄、蓝、白、黑。3. 郑声：指郑国的音乐，即相对于典礼祭祀音乐（雅乐）的地方俗乐，喻淫靡之声。4. 雅乐：先王的雅正之乐，中正和平，能调和性情。5. 利口：具口才的小人。6. 覆：倾覆，毁灭。7. 邦家：国家。

孔子说："我厌恶紫色夺去了红色的光彩；厌恶郑国荒淫的音乐，扰乱了先王的雅正之乐；厌恶花言巧辩颠倒是非，使国家倾覆灭亡。"

名句的故事

孔子虽然是商族后裔，但却极为推崇周朝的礼仪、服色、音乐。随着周王室中央政权的衰落，周朝的"礼乐"自然也开始崩坏。魏文侯就曾经公开宣称不喜欢听古乐（雅乐），当他听到新的流行乐曲时，还会入迷地手舞足蹈起来。

看到这些现象，孔子无法手舞足蹈，而是痛心不已。孔子是一位理想主义者，他心目中一直存在着一幅完美的社会蓝图。那图像是古典、高雅的，色调是浑纯、正直的红，音乐是庄重、和谐的正统之乐，人物长幼有序、谦卑有礼。

而孔子自己所身处的现实环境自然不是这幅景象。春秋各国混乱无序，可说是"朱不朱、乐不乐"，对孔子来说，是一种异端取代正统、劣币驱逐良币的堕落。因此他严厉地批评道："我厌恶那混杂的紫色迷乱人眼，取代了纯正的朱红；我厌恶那轻浮的郑国音乐迷惑人耳，取代了庄重的雅乐。我更痛恨那邪说妖言扰乱是非，颠覆家国秩序。"

历久弥新说名句

痛恨"紫之夺朱"者，可不只孔子一人。明末清初文人徐述夔就曾引诗暗讽清朝之夺取明朝："夺朱非正色，异种亦称王。"明朝皇帝即姓朱，而"异种"则指清朝统治者原是外来民族，而非汉人。结果，这两句诗被人检举通报，大大兴了一场文字狱。

而据传著名的武侠小说家金庸笔下也借用了"紫之夺朱"的典故，而为其小说《天龙八部》中的两位女主角命名为阿紫与阿朱，暗示两人的命运与纠葛。

姑且不论此"紫朱"究竟是否为彼"紫朱"，虽然朱色为古代的正色，具有正统的崇高地位，但是随着历史的发展，紫色后来已经得到认可而成为官方的代表颜色。《汉书·百官公卿表》就记载："相国、丞相，皆秦官，皆金印紫绶，掌丞天子助理万机。"

历史上，听到庄重祥和的雅乐就昏昏欲睡，听见活泼生动的地方俗乐（如郑声等）就想跳舞的也不只魏文侯一人。后来地方音乐渐渐地被采纳改制为宫廷音乐，例如汉高祖的《大风歌》："大风起兮云飞扬……"

暂且不论究竟郑声等地方音乐是否真的是败坏人心的靡靡之音，可以确定的是，孔子心目中尽善尽美、净化人心的治世之乐——周朝雅乐，它反映出某一时代欣赏音乐的品位，而品位是会随着岁月而改变的。